*Dorothea Beigel, Juliane Giesbert
Christina Reichenbach
unter Mitarbeit von Daniela Krause
und Ingo Bertram*

Bildung mit „Durchblick"

Ein visuelles Wahrnehmungsprogramm
zur Lernunterstützung

Dorothea Beigel, Juliane Giesbert
Christina Reichenbach
unter Mitarbeit von Daniela Krause
und Ingo Bertram

Bildung mit „Durchblick"

Ein visuelles Wahrnehmungsprogramm
zur Lernunterstützung

BORGMANN

MEDIA

Unser Buchprogramm im Internet
www.verlag-modernes-lernen.de

Dieses Buch enthält eine CD-ROM

© 2011 by SolArgent Media, Division of BORGMANN HOLDING AG, Basel

Veröffentlicht in der Edition:
BORGMANN MEDIA • **Schleefstraße 14** • **D-44287 Dortmund**

Illustrationen: Ingo Bertram (Datteln) und Daniela Krause (Fröndenberg)
Gesamtherstellung: Löer Druck GmbH, Dortmund

Bestell-Nr. 9420   ISBN 978-3-938187-70-8

Urheberrecht beachten!
Alle Rechte der Wiedergabe dieses Fachbuches zur beruflichen Weiterbildung, auch auszugsweise und in jeder Form, liegen beim Verlag. Mit der Zahlung des Kaufpreises verpflichtet sich der Eigentümer des Werkes, unter Ausschluss der § 52a/b und § 53 UrhG., keine Vervielfältigungen, Fotokopien, Übersetzungen, Mikroverfilmungen und keine elektronische, optische Speicherung und Verarbeitung (z.B. Intranet), auch für den privaten Gebrauch oder Zwecke der Unterrichtsgestaltung, ohne schriftliche Genehmigung durch den Verlag anzufertigen. Er hat auch dafür Sorge zu tragen, dass dies nicht durch Dritte geschieht. Der gewerbliche Handel mit gebrauchten Büchern ist verboten.

Zuwiderhandlungen werden strafrechtlich verfolgt und berechtigen den Verlag zu Schadenersatzforderungen.
Die Kopiervorlagen stehen dem Käufer dieses Buches für den *nichtgewerblichen* Gebrauch zur Verfügung.

Inhalt

	Vorwort	7
1.	**Einführung**	9
2.	**W-Fragen**	11
2.1	Für WEN ist das Förderkonzept entwickelt worden? WO soll das Förderkonzept von WEM eingesetzt werden?	11
2.2	WARUM ist visuelle Wahrnehmung für das Lernen wichtig?	11
2.3	WORAN lassen sich Schwierigkeiten in der visuellen Wahrnehmung erkennen?	16
2.4	WIE wird das Förderkonzept optimal eingesetzt? WAS ist zu tun?	17
2.5	WELCHES Material wird gebraucht?	19
3.	**Hintergründe**	21
3.1	Visuelle Funktionen und Ablauf der Reizaufnahme	21
3.1.1	Der Aufbau des Auges	22
3.1.2	Die Reizaufnahme und Weiterleitung	23
3.1.3	Die Verarbeitung der Signale im Gehirn	24
3.2	Teilbereiche der visuellen Wahrnehmung	24
3.3	Relevante Bereiche der visuellen Wahrnehmung für das Förderkonzept in ihrer Bedeutung für das Lernen	27
3.3.1	Aufnahme	28
3.3.2	Verarbeitung	29
3.3.3	Visuomotorik	36
3.4	Diagnostik visueller Wahrnehmung	38
3.4.1	Allgemeine Beobachtungshinweise	38
3.4.2	Gesprächshinweise	42
3.4.3	Systematische Beobachtungssituationen	43
3.4.4	Fragestellungen und Beobachtungshinweise zum vorliegenden Förderkonzept	43
3.4.5	Fachärztliche Untersuchungen	45

3.4.6	Diagnostische Verfahren		45
4.	**Das Förderkonzept zur visuellen Wahrnehmung**		**47**
4.1	Grundidee des Konzeptes		47
4.2	Anwendung des Konzeptes		47
4.3	Durchführung des Förderkonzeptes		49
4.4	Schwierigkeiten bei der Durchführung des Förderkonzeptes		50
4.5	Tipps		51
4.6	Aufgabenblatt		51
5.	**Bild- und Aufgabenmaterial**		**55**
6.	**Bilder**		**57**
6.1	Bilder Stufe 1		57
6.2	Bilder Stufe 2		62
6.3	Bilder Stufe 3		67
6.4	Bilder Stufe 4		73
6.5	Bilder Stufe 5		78
7.	**Praxisteil**		**83**
7.1	Aufgaben zu Augenbewegungen		83
7.2	Aufgaben zu den Bildern Stufe 1 bis 5		89
8.	**Glossar: Für Streber und Nachgucker – zusätzliche Informationen von A – Z**		**163**
9.	**Literatur**		**166**
	Inhaltsverzeichnis der CD-ROM		**169**

Vorwort

Der enge Zusammenhang zwischen Bildung, Gesundheit und Persönlichkeitsentwicklung ist unumstritten. Nicht umsonst nehmen Bewegung und Wahrnehmung in einem umfassenden Gesundheitsbegriff einen zentralen Stellenwert ein. Ist doch eine der entscheidenden Grundvoraussetzungen für erfolgreiches Lernen eine gut funktionierende Wahrnehmungsfähigkeit. Treten hier Entwicklungsverzögerungen auf, sind Lern- und Leistungsbeeinträchtigungen häufig die Folge. Sie vermindern Wissenserwerb, erschweren oder verhindern Schulabschlüsse und beeinträchtigen somit die gesamte Persönlichkeitsentwicklung eines jungen Menschen.

Das Projekt „Schnecke – Bildung braucht Gesundheit" ist ein interdisziplinäres Verbundprojekt zwischen dem Hessischen Kultusministerium, Arbeitsgebiet Schule & Gesundheit (Projektleitung D. Beigel) der Hochschule Aalen (Studiengang Augenoptik und Hörakustik, Prof. Dr. E. Hofmann), der Leibniz Universität Hannover (Juliane Giesbert & Prof. Dr. Christina Reichenbach) und der Ev. Fachhochschule Rheinland-Westfalen-Lippe (Prof. Dr. C. Reichenbach).

Zur Förderung von Kindern im Grundschulalltag wurde bereits das Programm „Bildung kommt ins Gleichgewicht" von Dorothea Beigel entwickelt. Nun schließt sich mit dem vorliegenden Buch „Bildung im Durchblick" das Förderprogramm zur visuellen Wahrnehmung an.

Wir danken all denen, die uns sowohl fachlich als auch praxisorientiert unterstützt und reflektiert haben. Ein besonderer Dank gilt Ingo Bertram und Daniela Krause, die sowohl fachlich als auch beim Erstellen der vorliegenden Bildmaterialien einen großen Anteil hatten. Ein Dankeschön geht auch an das Förderschulinternat Schloss Horneburg in Datteln für die Bereitstellung von Materialien zur Anfertigung der Bilder für dieses Buch.

Wir wünschen allen Fach- und Lehrkräften gelingende Integration des Förderprogramms in den alltäglichen Unterrichts- und/oder Förderalltag und hoffen, dass die Aufgabensammlung eine praktische Hilfe darstellt und Zuspruch bei den Kindern in der Praxis findet.

Hannover/Wetzlar/Bochum, September 2010

Juliane Giesbert
Dorothea Beigel
Christina Reichenbach

1. Einführung

Dass physiologische Beeinträchtigungen bei Schülern im Schulalltag zu einer Minderung der Lern- beziehungsweise Leistungsfähigkeit führen können, liegt bei offensichtlichen Beeinträchtigungen wie Blindheit oder Gehörlosigkeit auf der Hand und führt selbstverständlich zu entsprechenden Unterstützungsmaßnahmen. Aber wie sieht es mit Beeinträchtigungen aus, die für Eltern oder Lehrer weniger offensichtlich und auch von dem Schüler subjektiv nur schwer oder gar nicht erkennbar sind?

Verschiedene Autoren haben sich mit Wahrnehmungsbeeinträchtigungen und ihren Auswirkungen auf das Lernen auseinander gesetzt. Letztlich wird stets der Schluss gezogen, dass eine gut funktionierende Wahrnehmung die Grundlage für die kindliche Entwicklung darstellt und ein Zusammenspiel verschiedener Wahrnehmungskanäle und Entwicklungsbereiche Voraussetzung für das Lernen ist (vgl. Knauf/Kormann/Umbach 2006; Breuer/Weufen 2006). Nicht selten belasten Wahrnehmungsbeeinträchtigungen das schulische und außerschulische Lernen und führen zu Lernschwierigkeiten, die über die gesamte Lebensspanne hinweg gehen können, solange sie nicht erkannt werden.

Das Nichterkennen von Wahrnehmungsbeeinträchtigungen hat oftmals die Folge, dass verminderte Leistungen anderen, schulalltäglicheren Ursachen, wie dem Mangel an Leistungsvermögen oder -bereitschaft, zugeordnet werden. Dies kann wiederum zu Frustrationen und Stigmatisierungen bei Kindern führen. So stellt sich in der Praxis die Tendenz dar, dass eine spezielle Förderung der betroffenen Kinder oft erst dann einsetzt, wenn sich die Symptome des Schulversagens verdichten (vgl. Breuer/Weufen 2006).

Um dieser Entwicklung entgegenzuwirken bzw. sie von vornherein zu vermeiden, ist eine systematische Förderung der Wahrnehmung, die in den schulischen Alltag integriert ist, sinnvoll.

Dieses Ziel wird seit 2007 mit dem Projekt „Schnecke – Bildung braucht Gesundheit" verfolgt (vgl. http://schnecke.inglub.de/), welches in Hessen startete und sich zunehmend bundesweit verbreitet. Im Rahmen dieses Projekts werden pädagogische Präventions- und Fördermaßnahmen zur Herstellung und Aufrechterhaltung von Lernbedingungen entwickelt, die optimales Lernen und Leisten ermöglichen. Der Fokus liegt dabei speziell auf einer kontinuierlichen und alltagsnahen Förderung der visuellen, auditiven und vestibulären Wahrnehmung, um Lernschwierigkeiten vorzubeugen. Das erste Programm zur Förderung der vestibulären Wahrnehmung wurde von Beigel (2009) entwickelt. Das zweite Programm zur Förderung der visuellen Wahrnehmung liegt nun mit diesem Buch vor.

10

2. W-Fragen

In diesem Kapitel wird das entwickelte visuelle Wahrnehmungsprogramm „Bildung mit Durchblick" mittels W-Fragen konzeptionell vorgestellt.

2.1 Für WEN ist das Förderkonzept entwickelt worden? WO soll das Förderkonzept von WEM eingesetzt werden?

Das Förderkonzept richtet sich im Besonderen an Kinder ab fünf Jahren. Es ist dahingehend ausgerichtet, dass es sich vor allem für den Einsatz in Schulen eignet.

Es kann darüber hinaus in unterschiedlichen therapeutischen Settings eingesetzt werden, in denen die visuelle Wahrnehmung gefördert wird. Voraussetzung für eine effektive Förderung ist die Gewährleistung einer regelmäßigen (im Idealfall täglichen) Anwendung (z. B. unter Einbezug der Eltern und Erzieher[1]).

Die Durchführung bzw. Anleitung der Förderung erfolgt durch Lehrer, Erzieher, Therapeuten oder Eltern. **Voraussetzung** für die Umsetzung des Förderkonzeptes ist eine Einarbeitung in das Konzept und die dazugehörigen Aufgaben. Dies kann autodidaktisch oder über eine spezielle Fortbildung erfolgen. Die einzelnen Aufgabenstellungen müssen nicht alle sofort verinnerlicht sein, sondern es genügt eine schrittweise Vorbereitung von Tag zu Tag. Es wird empfohlen, dass alle Personen, die an der Durchführung der Förderung beteiligt sind, eine allgemeine Einführung in das Förderkonzept, einschließlich der Ziele und des kontinuierlichen Vorgehens erhalten.

2.2 WARUM ist visuelle Wahrnehmung für das Lernen wichtig?

Im Rahmen des Projekts „Schnecke – Bildung braucht Gesundheit" werden insbesondere die Wahrnehmungssysteme Hören, Sehen und Gleichgewicht fokussiert. Diese drei Sinnessysteme stehen in enger Verbindung zueinander und sind in Bezug auf das Lernen und Leisten des Menschen von großer Bedeutung. Die Sinneskanäle stellen eine Verbindung vom Kind zur Welt dar, da Informationen aus der Umgebung über die Sinne aufgenommen werden (vgl. Hoffmann http://schnecke.inglub.de/schnecke.html). In Bezug auf den Spracherwerb sowie den Erwerb der Kulturtechniken ist dies ebenso von großer Bedeutung (vgl. Eggert/Bertrand 2002).

Als Ziele des Projekts werden vor allem benannt:
- Gestaltung einer sinnfreudigen Lernumgebung
- Gesundheitsschutz für alle Menschen einer Institution (Schüler, Lehrer, Hausmeister etc.)
- Vorbereitung und Unterstützung der Lern- und Leistungsfähigkeit

---

1 Wegen der leichteren Lesbarkeit wird im Buch nur die männliche Form genutzt. Alle Erzieherinnen, Lehrerinnen, Therapeutinnen, Ärztinnen, Schülerinnen fühlen sich bitte gleichermaßen angesprochen.

- Erkennen und Vermeiden von Wahrnehmungsauffälligkeiten und daraus resultierender Verhaltensauffälligkeiten
- Aufklärung über die (Aus-)Wirkungen der Beeinträchtigungen von Hören, Sehen und Gleichgewicht (vgl. Hoffmann http://schnecke.inglub.de/schnecke.html)

Alle diese Ziele stehen unter dem Motto **„Bildungschancen wahren – Beeinträchtigungen erkennen und vermeiden"**.

Bildung ist Wahrnehmung – diese Aussage stellt einen zentralen Ausgangspunkt des Projektes „Schnecke" und somit auch dieses Buches dar. Demnach reicht für die Förderung der visuellen Wahrnehmung eine reine Aneignung von Inhalten oder die Anhäufung von Kenntnissen alleine nicht aus. Vielmehr sind Wahrnehmungsprozesse anzustreben, die gleichzeitig auch Bildungsprozesse darstellen.

Unter Bildung wird eine Form der Erkenntnis (griech.: episteme) verstanden, die so viel bedeutet wie „sich ein Bild machen von der Welt, von der Gesellschaft, von sich selbst" (Siebert 2002, 9).

Das Verständnis von Bildung bezieht sich auf Prozesse und Ergebnisse der individuellen Aneignung und Verarbeitung von Informationen und Kenntnissen sowie auf Prozesse des Anwenden- Könnens und der Selbst- Erkenntnis (vgl. Giesbert/Lücking/Reichenbach 2008). Somit umfasst Bildung eine Verbindung von Wissen und Kenntnissen, die dazu beiträgt, sich spezielle Fragestellungen zu erschließen und damit grundsätzlich ein Verständnis vom „Ich" und von der „Welt" aufzubauen (vgl. Liessmann 2006).

Im Rahmen des in diesem Buch vorgestellten Förderkonzepts werden folgende Merkmale berücksichtigt, die nach Schäfer (2007) wesentlich sind für den Bildungsbegriff:
1. Zentraler Aspekt der Bildung ist die Selbsttätigkeit des Individuums. Somit geht es im Rahmen der Bildung nicht um Ziele der Gesellschaft, sondern um das Individuum selbst.
2. Bildung ist umfangreich und vereinigt Handeln, Denken, Wissen und Können.
3. Bildung stellt einen Prozess der (Selbst-) Gestaltung dar, der sich in sozialen und kulturellen Kontexten vollzieht.
4. Diesem Bildungsverständnis kann Rechnung getragen werden, wenn die Kinder in der Schule Lernsituationen erleben, die ihnen ermöglichen, alltagsnah neue sowie kulturell bedeutsame Lerninhalte kennen zu lernen und zu begreifen sowie sich eigenverantwortlich und reflexiv mit ihnen auseinanderzusetzen (vgl. Giesbert/Lücking/Reichenbach 2008).

Der Rahmenplan für die Grundschule des hessischen Kultusministeriums (http://www.kultusministerium.hessen.de/) betont: „Die auf Mündigkeit, Lebenstüchtigkeit und Demokratiefähigkeit zielenden Erziehungs- und Bildungsaufgaben gelten grundsätzlich. Sie müssen die sich **verändernden gesellschaftlichen Rahmenbedingungen und Lebensverhältnisse der Kinder** berücksichtigen."

Das vorliegende Materialpaket bietet Möglichkeiten, auf veränderte Grundbedingungen des Lernens einzugehen, um die der Schule zugewiesenen Aufgaben der Allgemeinbildung und der Bildung für weitere differenzierte Bildungswege gerecht zu werden.

Da das Förderkonzept zur visuellen Wahrnehmung primär auf den Schulalltag ausgerichtet ist, wurden die angestrebten Lernprozesse im Rahmen des Förderkonzepts den schulischen Anforderungen angepasst und unterstützen die so genannten Lernziele.

- **Was hat visuelle Wahrnehmung mit der Schule zu tun?**
- **Wie können sich Schwierigkeiten in der visuellen Wahrnehmungsverarbeitung beim Lernen auswirken?**
- **Welche Bedeutung kommt der visuellen Wahrnehmung für das Lernen und Verhalten in der Schule zu?**

Dies sind Fragen, die berechtigterweise von Lehrern gestellt werden, insbesondere wenn die Annahme zugrunde liegt, dass visuelle Lernprozesse als Vorläufer für die schulischen Anforderungen gelten. In diesem Kapitel sollen die Fragen beantwortet und die Bedeutung der visuellen Wahrnehmungsverarbeitung für die schulischen Lernprozesse sowie Aspekte in Bezug auf eine systematische Förderung im Schulalltag veranschaulicht werden.

In den Richtlinien und Lehrplänen zur Erprobung für die Grundschule für NRW heißt es, dass es zu den Zielen und Aufgaben der Lehrenden gehört, die Kinder in der Schule auf ein Leben in der Gesellschaft vorzubereiten (vgl. Giesbert/Lücking/Reichenbach 2008). Hierzu leistet die Vermittlung von Kulturtechniken einen entscheidenden Beitrag: beim täglichen Einkauf, beim Orientieren im Straßenverkehr, dem Abschließen von Verträgen und dem Lesen von Bedienungsanleitungen. Permanent werden wir mit Lesen, Schreiben und Rechnen konfrontiert. Zu den Aufgaben des Deutschunterrichts gehört es, Kindern das Lesen und Schreiben beizubringen. Mathematik vermittelt den Kindern Verständnis und Sicherheit im Umgang mit Zahlen und Rechenoperationen sowie mit Formen, Maßen und Lagebezeichnungen (vgl. Giesbert/Lücking/Reichenbach 2008).

Nachfolgend wird aufgezeigt, welche Ansprüche diese zu vermittelnden Kompetenzen an die Aufnahme optischer Reize, die Verarbeitung visueller Informationen sowie die Visuomotorik von Kindern stellen.

Bedeutung der Aufnahme optischer Reize für das Lernen und Verhalten in der Schule

Circa 5 % der Schulanfänger werden in Schuleingangsuntersuchungen durch einen Arzt als *massiv* in ihrer Sehkraft eingeschränkt diagnostiziert. Ein weitaus größerer Anteil der Schüler, die unter leichteren Beeinträchtigungen des Sehvermögens leiden, wird bei diesen Untersuchungen jedoch nicht entdeckt (vgl. Brügelmann 2000). Auch die Ergebnisse des Projektes „Schnecke – Bildung braucht Gesundheit" bestätigen dies: 8 % der Schüler wurde nach einem Screening zum Sehen[2] ein Besuch beim Augenarzt empfohlen.

Bei Menschen, die Probleme mit dem Scharfsehen (Akkommodation) haben oder unter „Weitsichtigkeit" leiden kann es zur Verwechslung von Buchstaben oder zu einer Überanstrengung der Augen kommen, wenn sie sich bemühen, einen Text beim Lesen genau zu entziffern. So-

---

[2] An dem Screening nahmen ca. 1700 Grundschüler teil (vgl. Hoffmann http://schnecke.inglub.de/schnecke.html)

mit können Einschränkungen der Sehfähigkeit Schwierigkeiten beim Lesen- und Schreibenlernen verursachen (vgl. Frostig 1979; Brügelmann 2000).

Lehrer sind deshalb aufgefordert, ihre Schüler grundsätzlich fortlaufend im Schulalltag zu beobachten (Beobachtungshinweise finden sich in Kap. 3.4) und bei möglichen Hinweisen die Eltern zu informieren, so dass diese die Sehfunktionen beim Augenarzt und gegebenenfalls das ein- oder beidäugige Sehen, die Sehschärfe, Schielerkrankungen oder das Farbsehen bei einem Optometristen überprüfen lassen (vgl. Günther/Jäger 2004).

In dem Prozess des Lesen- und Schreibenlernens sind gezielte und kontrollierte **Augenbewegungen** wichtig (vgl. Kap. 3). Diese entwickeln sich auch nach Schuleintritt noch weiter und unterliegen in hohem Maße der Aufmerksamkeitssteuerung und Erwartungshaltung und setzen eine bewusste Wahrnehmung voraus (vgl. Rosenkötter 1998). Übungen zur Unterstützung der Augenbewegungen werden in der Schule bislang selten thematisiert, finden jedoch in diesem Förderkonzept zur visuellen Wahrnehmung im Schulalltag Berücksichtigung.

Bedeutung der Verarbeitung visueller Informationen für das Lernen und Verhalten in der Schule

In Bezug auf die *Verarbeitung* visueller Informationen gibt es eine Reihe bedeutender Faktoren, die das Lernen beeinträchtigen können. Diese Faktoren stellen den Kern des vorliegenden Förderkonzeptes dar. So bildet beispielsweise die **Figur-Grund-Wahrnehmung** die Basis, um Buchstaben formgerecht auf Linien zu schreiben, ohne sich von den Linien ablenken zu lassen oder auch Wörter/Zahlen zu erkennen, die auf kariertem Papier geschrieben wurden. Die Fähigkeit zur **Wahrnehmung räumlicher Beziehungen** ist für eine differenzierte Wahrnehmung von z. B. Lücken zwischen einzelnen Buchstaben oder auch Wörtern bedeutsam und stellt eine Voraussetzung zum Verständnis des Prinzips des Stellenwertsystems dar (Ziffer „5" in der Zahl „52" hat einen anderen Wert als die „5" in der Zahl „1503"). Zudem ermöglicht sie eine Vorstellung von Objekten zu entwickeln, die aus unterschiedlichen Perspektiven betrachtet werden (vgl. Gerster/Schultz 2004; Lorenz 2009). Auch das **visuelle Gedächtnis** bildet eine zentrale Grundlage für die Unterscheidung, das Erkennen und Abrufen von Buchstaben, eine gesicherte und automatisierte Buchstaben-Laut-Verknüpfung, also der Graphem-Phonem-Korrespondenz, der Lesegenauigkeit und dem Lesetempo sowie dem Vergleichen, Unterscheiden und Bestimmen von Mengen, Formen und Maßen (vgl. Brügelmann 2000; Lorenz 2009). Weitere Beispiele für die Bedeutung der visuellen Teilbereiche für das Lernen und Verhalten werden in Kap. 3.3 ausführlich beschrieben.

Bei Kindern mit visuellen Einschränkungen zeigen sich nach Günther/Jäger (2004) häufig Lesestörungen. Die Kinder lesen langsam und stolpernd, lassen Buchstaben aus oder verdrehen sie und/oder sie verrutschen in der Zeile. Oft macht sich bei den Kindern auch eine Leseunlust breit. Neben der visuellen Wahrnehmung muss hierbei natürlich berücksichtigt werden, dass das Lesen- und Schreibenlernen im Besonderen auch das auditive System sehr beansprucht. So müssen unbedingt Verknüpfungen von visuellen und auditiven Reizen, beispielsweise bei der Graphem-Phonem-Korrespondenz, erfolgen (vgl. Rosenkötter 1998).

Zum Erlernen mathematischer Fähigkeiten schreibt Lorenz (2009, 6): „Insbesondere die visuell-räumlichen Komponenten stellen sich als bedeutsam für den künftigen Lernerfolg in

Mathematik heraus". Kinder mit visuellen Störungen haben häufig Schwierigkeiten, Objekte nach räumlichen Kategorien zu ordnen und zu klassifizieren. Es fällt ihnen schwer, die Eigenschaften der Objekte auszumachen. Sie können demnach bildliche Darbietungen nur für eine kurze Zeit im Gedächtnis behalten, keine altersangemessenen Zeichnungen anfertigen und zeigen Schwierigkeiten, sich im Heft oder auf einem Blatt Papier zu orientieren oder Größenbeziehungen zu erkennen (vgl. Lorenz 2009).

Bedeutung der Visuomotorik für das Lernen und Verhalten in der Schule

Für den Schriftspracherwerbsprozess sind gut ausgebildete visuomotorische Fertigkeiten wichtig, denn die Augen steuern den Bewegungsablauf der Hand. Die Bewegungsausführung wird durch die Fähigkeit der **Augen-Hand-Koordination** sowie der **visuomotorischen Geschwindigkeit** immer sicherer und schneller. Schwierigkeiten im Bereich der Augen-Hand-Koordination können zu Problemen bei Aufgaben des Vergleichens, des (Zu-) Ordnens und beim Zählen führen (vgl. Knauf et al. 2006), da die Kinder in der Fähigkeit eingeschränkt sind, Einzelobjekte mit den Augen zu fixieren.

Im Bereich der Schreibkompetenz zeigen sich Auswirkungen von visuellen Störungen nach Günther/Jäger (2004) darin, dass Schüler eine schwache Schreibqualität zeigen, dass sie viele Rechtschreibfehler machen und dass für sie das Abschreiben von der Tafel erschwert ist. Einhergehend damit zeigen sich oft feinmotorische Probleme, die häufig durch eine Abneigung gegen das Malen, ein unsauberes Ausmalen und/oder ungenaues Schneiden zu beobachten sind. Als weitere Indizien können Schwierigkeiten bei anderen motorischen Aktivitäten dienen, wie beispielsweise dem Ballspiel.

Zu den aufgezeigten Auswirkungen einer eingeschränkten visuellen Wahrnehmung können weitere Schwierigkeiten hinzukommen. So schreiben Günther/Jäger (2004), dass bei den Kindern des Öfteren eine kurze Aufmerksamkeitsspanne zu beobachten ist. Die Kinder benötigen viele Pausen und ermüden schnell, was aufgrund der besonderen Anstrengungen, die den Kindern abverlangt wird, um visuelle Eindrücke zu verarbeiten, nicht verwunderlich.

Weitere Folgen der visuellen Wahrnehmung für das Lernen und Verhalten

Weitere Folgen von visuellen Wahrnehmungsproblemen können Gefühle von Unsicherheit und Ängstlichkeit sein. Es kann zu einem Wirkungsgefüge des Lernens kommen, in dem sich größere Anstrengungen und/oder schlechtere Leistungen aufgrund von visuellen Schwierigkeiten negativ auf das Selbstwertgefühl der Kinder auswirken. Die Kinder fragen sich beispielsweise, warum sie Anforderungen nicht so „normal" nachkommen können, wie andere Kinder. In der Regel sind ihnen ihre Wahrnehmungsbeeinträchtigungen nicht bewusst (s. Kap. 3.4). Dies kann zu vermehrtem Stress und Blockierungen führen und zu Attributionen, also zuschreibende Erklärungen für die besonderen Schwierigkeiten oder das Scheitern, die ein Vermeidungsverhalten und ein Gefühl des Versagens bei den Schülern und Schülerinnen verstärken (vgl. Betz/Breuninger 1998).

Teufelskreise können entstehen, die neben den beschriebenen innerpsychischen Prozessen des Kindes auch die pädagogische und/oder soziale Ebene einschließen. Auch Eltern und Lehrer erklären sich besondere Schwierigkeiten oder das Versagen eines Kindes und leiten aufgrund ihrer Hypothesen Unterstützungen und pädagogische Maßnahmen sowie auch Repressionen, wie Druck und Strafen, ab (vgl. Betz/Breuninger 1998). Bleiben visuelle Schwierigkeiten als tatsächliche Ursache unerkannt, sind die Interventionen häufig nicht zielführend. Auch das soziale Wirkungsgefüge ist durch besondere Schwierigkeiten in der visuellen Wahrnehmung betroffen. Neben ängstlichem Verhalten zeigen Kinder ebenso kompensatorische Verhaltensweisen, wie das Spielen des Klassenclowns oder Rangkämpfe in der Peergroup (vgl. ebd.).

Diese Beispiele veranschaulichen die grundlegende Bedeutung, die die visuelle Wahrnehmung für das Lernen und Verhalten in der Schule allgemein und den Lese-, Schreib- und Rechenlernprozess im Speziellen besitzt.

Bei der Durchführung spezieller Übungen, so auch der des in diesem Buch vorgestellten Förderkonzeptes, sind Lehrer aufgefordert, die visuelle Wahrnehmungsfähigkeit der Schüler zu beobachten. So können bei Schülern mit unentdeckten Schwierigkeiten Anhaltspunkte gefunden werden, die darauf aufmerksam machen, eine Überprüfung der visuellen Funktionen und Wahrnehmung einzuleiten und somit Grundsteine für eine spezifische Förderung innerhalb und außerhalb der Schule zu legen.

2.3 WORAN lassen sich Schwierigkeiten in der visuellen Wahrnehmung erkennen?

Gerade im Hinblick auf die schulischen Lern- und Leistungsanforderungen ist eine frühe Diagnostik von Hör-, Seh- und Gleichgewichtsproblemen von zentraler Bedeutung, um frühzeitig adäquate pädagogische und medizinische Maßnahmen wahrzunehmen und bereitstellen zu können. Dadurch erhöhen sich die Chancen auf optimale Lernbedingungen und die Aufrechterhaltung bzw. Wiederherstellung der Gesundheit, was wiederum Auswirkungen auf die Perspektiven der Kinder in Bezug auf ihr gesamtes Leben, einschließlich ihrer sozialen Situation, hat (vgl. Hofmann http://schnecke.inglub.de/schnecke.html).
Das vorliegende Förderkonzept bietet Möglichkeiten für ein diagnostisches Vorgehen. Angelehnt an Eggert/Reichenbach/Lücking (2007) wird im Rahmen dieses Buches das Verständnis von Diagnostik in einen engen Kontext zu Förder- und Lernprozessen gebracht. „Demnach stellt jede Fördersituation gleichzeitig eine diagnostische Situation dar und umgedreht kann jede Diagnostiksituation der Förderung dienen" (Giesbert/Lücking/Reichenbach 2008, 61). Diesem Verständnis wird innerhalb des Förderkonzeptes Rechnung getragen, in dem Beobachtungshinweise gegeben werden und auch ein Feedbacksystem angedacht ist, das Lehrkräften Anhaltspunkte für mögliche Stärken und Schwierigkeiten der Schüler liefern kann.

Zur genauen Beobachtung, Beschreibung, Hypothesenbildung und Förderung einzelner Wahrnehmungskompetenzen haben wir uns an die inhaltlichen Vorstellungen von Frostig sowie Büttner/Dacheneder/Schneider/Weyer (2007) angelehnt. Diese sind in Kap. 3.4 detailliert beschrieben und deren Relevanz für das Lernen hervorgehoben. Die Aspekte eignen sich sowohl für die Förderung als auch für die Beobachtung und Erfassung visueller Wahrnehmung.

2.4 WIE wird das Förderkonzept optimal eingesetzt?
WAS ist zu tun?

Die Struktur sowie die Aufbereitung der Aufgaben des hier beschriebenen visuellen Förderkonzeptes lehnen sich eng an das 5-Stufen-Programm des Gleichgewichtsprogramms von Beigel (2009) an. Diese formalen Überschneidungen sollen Praktikern die Arbeit mit den Förderkonzepten erleichtern und eine Kombination beider Förderprogramme, sowie eine spätere Ergänzung um das bereits geplante auditive Förderprogramm ermöglichen.

Das entwickelte Förderkonzept zur visuellen Wahrnehmung, welches ausführlich in Kap. 4 vorgestellt wird, zielt auf eine systematische, alltäglich im Unterricht stattfindende Förderung der visuellen Wahrnehmung ab. Es werden gezielt die in Bezug auf die schulischen Anforderungen relevanten Teilbereiche der visuellen Wahrnehmung einbezogen, denen idealerweise von Pädagogen entsprochen werden kann und die einer systematischen Integration in den Unterricht bedürfen.
Folgende Teilbereiche werden in dem vorliegenden Förderkonzept angesprochen:

- Aufnahme visueller Reize (Augenbewegungen, Blicksteuerung)
- Verarbeitung visueller Informationen (Farbwahrnehmung, Figur-Grund-Wahrnehmung, Gestaltschließen, Wahrnehmungskonstanz, Wahrnehmung räumlicher Beziehungen, Wahrnehmung der Raum-Lage, visuelles Gedächtnis).

Bislang fließen Aufgaben zu den Bereichen der visuellen Wahrnehmungsverarbeitung häufig unsystematisch und zum Teil auch als Nebenprodukt zu der eigentlichen Intentionen in den Schul- und Unterrichtsalltag mit ein: beispielsweise wird durch Schwungübungen im Prozess des Schriftspracherwerbs die Augen-Hand-Koordination gefördert.

Dabei zeigen gerade die theoretischen Ausarbeitungen, wie wichtig ein kontinuierlicher und systematischer Erfahrungs- und Übungsraum für die Entwicklung der visuellen Wahrnehmung ist. Im Gegensatz zu den oftmals sporadischen und undifferenzierten Übungsanlässen, die in einer Vielzahl von Förderkonzepten zu finden sind, verfolgt das hier vorliegende Förderkonzept grundsätzliche Absichten:

Die visuelle Wahrnehmung wird alltagsnah gefördert.

Die Aufgaben innerhalb des Förderkonzepts greifen die Interessen der Schüler auf. Das bekannte Kinderspiel „Ich sehe was, was du nicht siehst" ist zentraler Ausgangspunkt für die Gestaltung der praktischen Aufgaben. Diese zeichnen sich durch Alltagsnähe zu den Kindern aus: einem zentralen Aspekt, um die Motivation über das gesamte Förderkonzept aufrecht zu erhalten.

Schulrelevante Teilbereiche der Verarbeitung visueller Wahrnehmung werden systematisch gefördert.

Um diesem Anspruch gerecht zu werden, sind die einzelnen Aufgaben innerhalb des Förderkonzeptes schwerpunktmäßig einzelnen Teilbereichen der visuellen Wahrnehmung zugeordnet. So kann sichergestellt werden, dass alle Teilbereiche ähnlich stark Berücksichtigung finden. Darüber hinaus wird durch eine Staffelung des Beanspruchungsniveaus innerhalb eines Stufensystems eine systematische Förderung ermöglicht.

Die Lehrenden werden für die visuellen Wahrnehmungsfähigkeiten und -schwierigkeiten ihrer Schüler sensibilisiert.

Häufig sind visuelle Wahrnehmungsschwierigkeiten nicht offensichtlich. Für viele der Symptome kommt eine Vielzahl möglicher Ursachen aus ganz unterschiedlichen Entwicklungsbereichen in Frage. Wie bereits beschrieben, werden sie oft im Rahmen des Erwerbs der Kulturtechniken, also des Lesens, Schreibens und/oder Rechnens ersichtlich. Da diese besonderen Schwierigkeiten beim Lesen, Schreiben und Rechnen jedoch vielfältige Ursachen haben und nicht grundsätzlich auf visuellen Einschränkungen fußen, kommen für viele Lehrende visuelle Probleme nicht als ursächlicher Aspekt in Betracht. Lehrende, die eine Funktionstüchtigkeit visueller Wahrnehmungsprozesse im Rahmen ihrer schulischen Anforderungen voraussetzen, könnten somit verleitet sein, einen Umstand wie zum Beispiel eine falsch abgezählte Reihe von Äpfeln eher mit einer kognitiven als mit einer visuellen Schwäche zu erklären. Bevor aber solche Erklärungsmodelle herangezogen und überprüft werden, sollte grundsätzlich die Wahrnehmungsfähigkeit der Kinder überprüft werden. Hierzu möchten die Aufgaben des Förderkonzeptes einen Beobachtungsrahmen schaffen.

Die Schüler werden für die eigene Sehfähigkeit und die visuellen Kompetenzen sensibilisiert.

Wie bereits dargestellt, können Kinder aufgrund fehlender Vergleichsmöglichkeiten nicht oder nur selten auf eigene Schwierigkeiten beim Sehen und bei der visuellen Wahrnehmungsverarbeitung hinweisen. So erscheint die Intention, mit Kindern über individuelle Unterschiede und Empfindungen in Bezug auf ihre visuelle Wahrnehmung ins Gespräch zu kommen und sie darüber hinaus für etwaige Schwierigkeiten zu sensibilisieren, wichtig für die Entwicklung eines Förderkonzeptes zur visuellen Wahrnehmung im Schulalltag.

Das visuelle Förderkonzept bezieht alle Schüler einer Klasse mit ein.

Da sich die Kompetenzen in allen Bereichen der visuellen Wahrnehmung über den Zeitpunkt des Schuleintritts hinaus weiterentwickeln und vervollkommnen, ist eine Förderung der visuellen Wahrnehmung in der Schule für alle Kinder sinnvoll und nicht nur für einige wenige „förderungsbedürftige" Kinder. Das Förderkonzept ist darauf ausgerichtet, allen Kindern eine Basis an alltagsnahen, systematischen Fördersituationen anzubieten. Dabei ist klar, dass das Förderkonzept zur visuellen Wahrnehmung im Schulalltag nicht für alle Kinder ausreichend sein wird, da einige Kinder zusätzlich noch weiterer spezifischer Maßnahmen bedürfen (z. B. Besuch bei einem Augenarzt, Optometristen, …).

In Kap. 4 findet sich ein genauer Ablaufplan des Förderkonzeptes zur visuellen Wahrnehmung.

2.5 WELCHES Material wird gebraucht?

Neben dem Etui des Schülers, (farbigen) Stiften und (farbigem) Papier findet sich alles Material, was Sie für die Arbeit mit dem Förderkonzept benötigen, in diesem Buch.
In Anlehnung an das Gleichgewichtsprogramm „Bildung kommt ins Gleichgewicht" wurden folgende Materialien zum Förderkonzept „Bildung mit Durchblick" entwickelt:

- **das Buch**
  In dem vorliegenden Buch finden sich Kapitel zum theoretischen Hintergrund visueller Wahrnehmung, Erklärungen zum Aufbau und Umgang mit dem Förderkonzept „Bildung mit Durchblick", das Bildmaterial sowie die Praxisaufgaben.

- **eine Begleit-CD**
  Auf der dem Buch beigefügten CD befinden sich das komplette Bildmaterial des Förderkonzeptes, das zur Umsetzung erforderlich ist. Die Bilder können für den Einsatz eines Overhead-Projektors auf Folie gedruckt oder mittels Beamer aus der Bilddatei projiziert werden. Des Weiteren finden Sie Hintergrundinformationen zur visuellen Wahrnehmung (z. B. zum Aufbau und Funktion des Auges).

Vorausgesetzt werden folgende Materialien:

- **Feedback-Karten für jedes Kind**
  Die Feedback-Karten sind farbige Karten, mit denen die Kinder die Möglichkeit haben, alle gleichzeitig ihre Antworten zu entsprechenden Aufgaben anzeigen zu können. Die Karten müssen selber erstellt werden (s. dazu Kap. 4). Die Vorlagen für die Feedback-Karten befinden sich auf der beigefügten CD.

- **Overheadprojektor oder Beamer**
  Für die Förderung in Schulklassen oder anderen Gruppen ist für den Übertrag des Bildmaterials auf eine (Lein-)Wand ein Overhead-Projektor oder ein Beamer notwendig. In Einzelförderungen kann auch auf die jeweiligen Abbildungen in diesem Buch zurückgegriffen werden.

3. Hintergründe

3.1 Visuelle Funktionen und Ablauf der Reizaufnahme

Das visuelle System stellt die höchstentwickelte Sinnesmodalität beim Menschen dar. So zeigt z. B. die hohe visuell ausgerichtete Repräsentanz im Gehirn die Bedeutung des visuellen Systems: ca. ein Drittel der Großhirnrinde ist an der visuellen Wahrnehmungsverarbeitung beteiligt und circa 40 % aller Leitungswege zum zentralen Nervensystem (ZNS) gehören zu den Sehleitungen (vgl. Schäffler/Menche 2000). Das visuelle System bildet eine sehr komplexe Struktur mit Verarbeitung, Signalerweiterung und mit Feedback- Bahnen (vgl. Goldstein 2002; Zimbardo/Gering 2004).

Eine Definition zur visuellen Wahrnehmung sei vorangestellt, um die Bedeutung des komplexen Zusammenspiels motorischer und sensorischer Prozesse zu veranschaulichen.

> „Der Begriff visuelle Wahrnehmung bedeutet die Fähigkeit, visuelle Reize zu erkennen, zu unterscheiden und sie durch die Assoziation mit früheren Erfahrungen zu interpretieren. Visuell wahrzunehmen bedeutet nicht nur die Fähigkeit, gut zu sehen. Eine intakte periphere Sehfähigkeit zu besitzen, ist die Voraussetzung. Die Perzeption erfordert dagegen eine Interpretation der aufgenommenen Reize" (Frostig/Müller 1981, 59).

Es wird deutlich, dass unter visueller Wahrnehmung ein kognitiver Prozess verstanden wird, da es sich um eine „Interpretation aufgenommener Reize" handelt. Diese Auswertung der optischen Informationen ist ein sehr komplexer Prozess, denn Gegenstände werden vom zentralen Nervensystem nicht so wahrgenommen, wie sie auf der Retina (Netzhaut) abgebildet

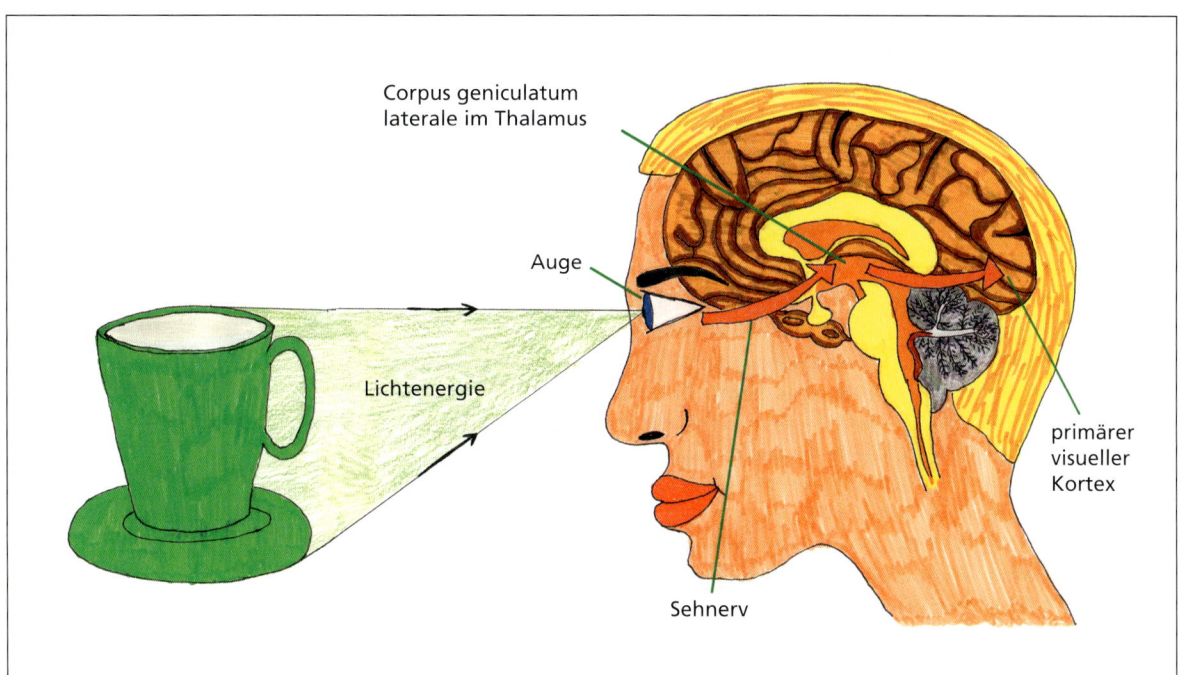

Abb. 1: Seitenansicht des visuellen Systems (nach: Goldstein 2008, 63)

werden, da das Erregungsmuster nicht einfach und direkt ins Gehirn projiziert wird. Vielmehr laufen schon während der Projektion auf die Netzhaut Auswertungsprozesse ab, die bestimmte Gestaltmerkmale erfassen oder hervorheben (das Prinzip der gegenseitigen Hemmung bzw. Lateralen Inhibition) (vgl. Fischer 2003).

Drei Hauptkomponenten sind dem visuellen System zuzuordnen. Hierzu zählt die **Retina** (Netzhaut), das **Corpus geniculatum laterale** (CGL, seitlicher Kniehöcker) und der **primäre visuelle Cortex** (vgl. Goldstein 2008).

3.1.1 Der Aufbau des Auges

Das Auge ist für den Menschen das komplexeste Sinnesorgan. Es arbeitet hochauflösend und ist in der Lage, 15 Bilder pro Sekunde zu differenzieren (vgl. Schäffler/Menche 2000).

Zu dem Auge gehört der kugelförmige **Augapfel**, der im Inneren aus dem **Glaskörper** (Corpus vitreum) besteht. Seine Bewegungen werden von **sechs Augenmuskeln** gesteuert, die verant-

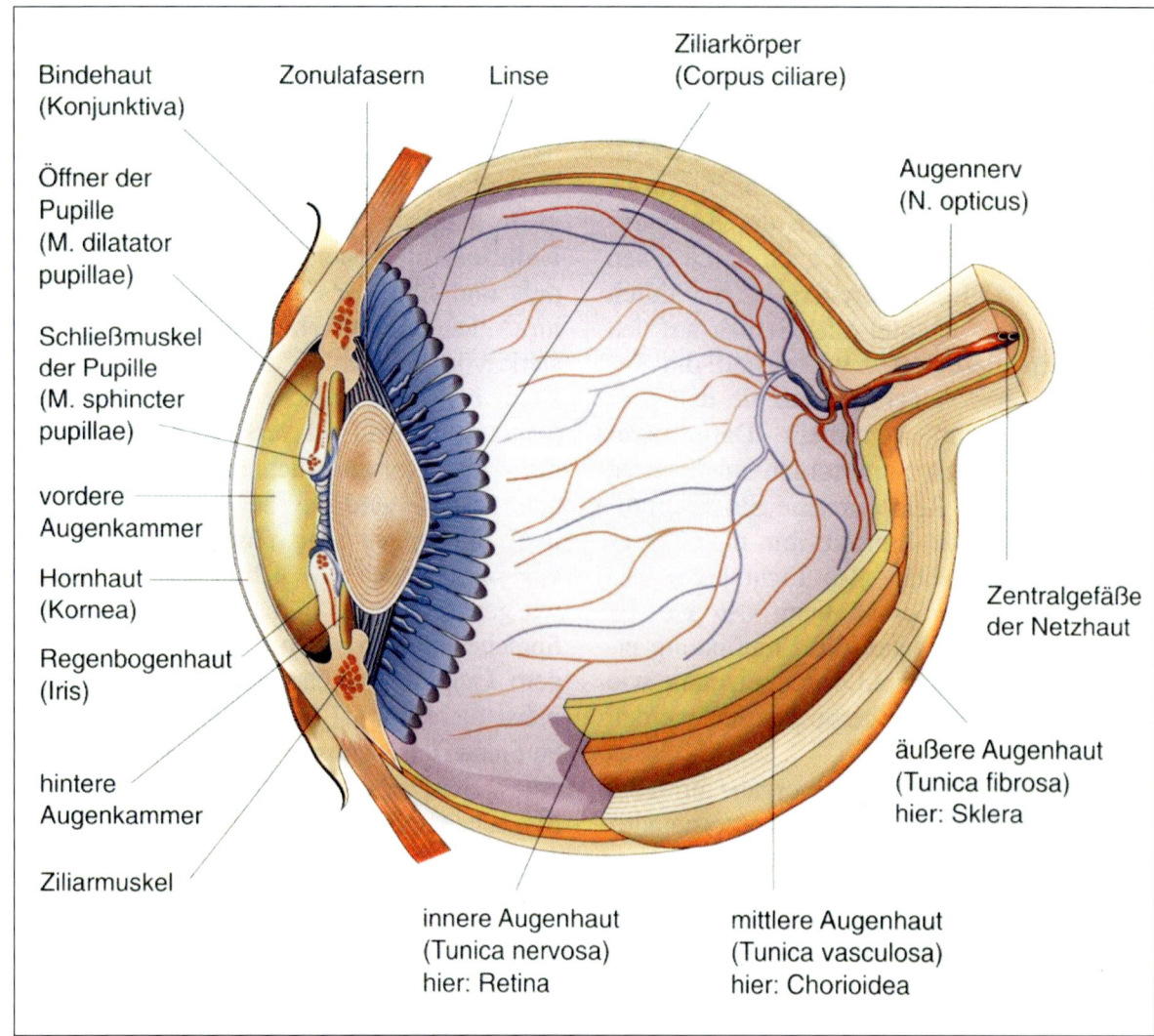

Abb.2: Aufbau des Auges (aus: Anatomie und Physiologie. Lehrbuch und Atlas für Pflege- und Gesundheitsfachberufe. Spornitz, Udo M., 6. Aufl. 2010, ISBN 978-3-642-12643-7)

wortlich sind für flüssige und zielgerichtete Augenbewegungen und somit für die Blicksteuerung (s. Kap. 3.3). Der Augapfel besteht aus der äußeren Augenhaut, auch **Lederhaut** (*Sklera*) genannt, der mittleren Augenhaut, im hinteren Teil als **Aderhaut** (Choroidea) bezeichnet und der inneren Augenhaut, zu der die **Netzhaut** (Retina) gehört. In der Retina befinden sich die **Photorezeptorzellen** mit den lichtempfindlichen **Stäbchen** (sie sind für das Dämmerungssehen und das Sehen im Dunkeln ausgerichtet) und den **Zapfen** (sie sind für das Sehen im Licht ausgerichtet). Das zapfenreichste Gebiet, auch gelber Fleck oder **Fovea** (Mecula lutea) genannt, ist die Stelle des schärfsten Sehens. Der Anpassungsvorgang der Netzhaut an unterschiedlich intensive Lichtreize wird als **Adaptation** bezeichnet. Hinter den Photorezeptorzellen liegen die **Bipolarzellen**, die die Informationen der Photorezeptorzellen (Stäbchen und Zapfen) an die nächsten Neuronen, die **Ganglienzellen** weiterleiten. Ihre Axone vereinigen sich zum Sehnerv und bilden den Ausgang der Netzhaut. Der **Sehnerv**, der im hinteren Teil aus dem Auge austritt, leitet die Sinneseindrücke an das Großhirn weiter (vgl. Schäffler/ Menche 2000).

Eine detaillierte Beschreibung des Aufbaus des Auges mit den Rezeptoren, die die Reizinformationen in neuronale Signale umwandeln, findet sich für den interessierten Leser auf der CD (Datei: Der_Aufbau_des_Auges.pdf).

3.1.2   Die Reizaufnahme und Weiterleitung

Das Auge kann Licht aufnehmen und verarbeiten, das aus elektromagnetischen Wellen besteht und einen Wellenlängenbereich von ca. 400 bis 700 Nanometer aufweist. Auf der Netzhaut entsteht ein verkleinertes, spiegelverkehrtes und auf dem Kopf stehendes Bild des betrachteten Objekts. Bei diesem Vorgang variiert die Brechkraft des Auges ständig, um Bilder in unterschiedlicher Entfernung scharf abbilden zu können. Dies ist vor allem Aufgabe der Linse, die ihren Krümmungsgrad und somit ihre Brechkraft verändert. Das Einstellen des Auges auf unterschiedliche Entfernungen läuft fortwährend automatisch und unbewusst ab und wird **Akkommodation** genannt. Die Stelle des schärfsten Sehens befindet sich im Zentrum des gelben Flecks, der Fovea. Am Tage sehen wir nur jeweils *das* wirklich scharf beziehungsweise deutlich, was wir in unserer Blickrichtung fokussieren. Der Bereich, den wird in unserem Blickfeld scharf wahrnehmen, wird als **foveales Sehen** bezeichnet. Je weiter Gegenstände vom Fixationspunkt entfernt sind, desto unschärfer beziehungsweise undeutlicher werden sie, sozusagen aus dem Augenwinkel, wahrgenommen. Dieses eher großflächigere, grobe, unscharfe Sehen wird **peripheres Sehen** genannt. Da der Blick jedoch häufig springt und so die Umgebung *abtastet*, erzeugt unser visuelles System trotzdem ein angenehmes Gesamtbild. Die Sehschärfe wird als **Visus** bezeichnet und stellt ein Maß für das Sehvermögen dar. Sie bezeichnet die Fähigkeit, zwei benachbarte Punkte in einer bestimmten Entfernung getrennt voneinander wahrzunehmen (vgl. Spornitz 1996; Milz 2002).

Im hinteren Teil der Netzhaut, der Fovea, befinden sich unterschiedliche Neuronen, die wechselseitig miteinander verschaltet sind. Die aufgenommenen Lichtmuster, die in Nervenimpulse umgewandelt und vorverarbeitet werden, werden nun an die Ganglienzellen weitergeleitet, die den Sehnerv bilden. Die Sehnerven beider Augen führen zum **Chiasma opticum**. Hier kreuzen sich die Sehnerven beider Augen (vgl. Spornitz 1996; Zimbardo/Gering 2004). Beide Nervenfaserbündel, ab hier auch optischer Trakt genannt, bestehen jetzt aus den Axionen beider Augen. Der optische Trakt führt auf beiden Seiten des Gehirns weiter zu dem seitlichen Kniehöcker, dem **Corpus geniculatum laterale (CGL)**. Das CGL ist bedeutsam für die Interaktion zwischen den neuronalen Systemen. Die eingehenden Signale von der Netzhaut werden hier mit Informationen aus dem Cortex verbunden und senden Signale an den Cortex zurück. Hier werden die Seheindrücke bereits einer ersten Analyse unterzogen, indem sie auf primäre Merkmale, wie die Neigung, Länge, Dicke, Lichtintensität, die Dauer der Darbietung und die Lokalisation im Blickfeld hin untersucht werden. Somit stellt die primäre Sehrinde bereits eine wichtige Verarbeitungsinstanz zwischen Netzhaut und visuellem Cortex dar, die auch als Grenze zwischen der visuellen Sensorik und der visuellen Wahrnehmung (Perzeption) bezeichnet wird (vgl. Goldstein 2002).

3.1.3 Die Verarbeitung der Signale im Gehirn

In der Sehrinde des Hinterhauptslappens (**primäre visuelle Cortex**) erfolgt dann die eigentliche visuelle Wahrnehmung. Dazu verschmelzen die Informationen aus beiden Augen. Auch werden hier die Bilder korrigiert und zu einem einheitlichen, aufrechten und wirklichkeitsgetreuen Bild zusammengesetzt (vgl. Schäffler/Menche 2000). Die Sehrinde besteht ebenfalls aus Neuronen, die selektiv auf bestimmte Merkmale, wie beispielsweise die Richtung oder die Länge reagieren, also auf das räumliche Sehen (vgl. Goldberg 2002). Damit besteht auch hier eine selektive Adaptation der Neuronen.

3.2 Teilbereiche der visuellen Wahrnehmung

In diesem Kapitel werden die Bereiche der visuellen Wahrnehmung, die aus Sicht der Autoren zentralen Einfluss auf Lernprozesse haben, vorgestellt. Des Weiteren werden die dem entwickelten Förderkonzept zugrunde gelegten Bereiche der visuellen Wahrnehmung in ihrer Entwicklung und Bedeutung für das schulische Lernen dargelegt.

Eine Übersicht über die in der Literatur vorzufindenden Teilbereiche der visuellen Wahrnehmung sowie ein tabellarischer Überblick über die kindlichen Entwicklungsstufen des Sehens befindet sich auf der beigefügten CD (Datei: Teilbereiche_der_visuellen_Wahrnehmung.pdf; Entwicklung_Wahrnehmungsverarbeitung.pdf.).

Grundsätzlich gilt, dass alle visuellen Wahrnehmungsbereiche in ihrer Entwicklung und Funktion auf eine intakte **Aufnahme** optischer Reize angewiesen sind, also darauf, dass auf der Netzhaut ein klares Bild entsteht (vgl. Knauf et al. 2006). Hierzu gehören u.a. folgende Teilbereiche:
- die Akkommodation,
- die Augenbewegungen,
- die Farbwahrnehmung,
- die Fixation sowie
- die Vergenz.

Ferner erscheint es in Bezug auf die Einschätzung und Förderung der visuellen Wahrnehmung sinnvoll, die Teilbereiche, die gleichzeitig mit motorischen Anforderungen einhergehen, von denen, die motorisch keine und/oder wenig Anforderungen stellen, zu differenzieren (vgl. Büttner/Dacheneder/Schneider/Weyer 2007).

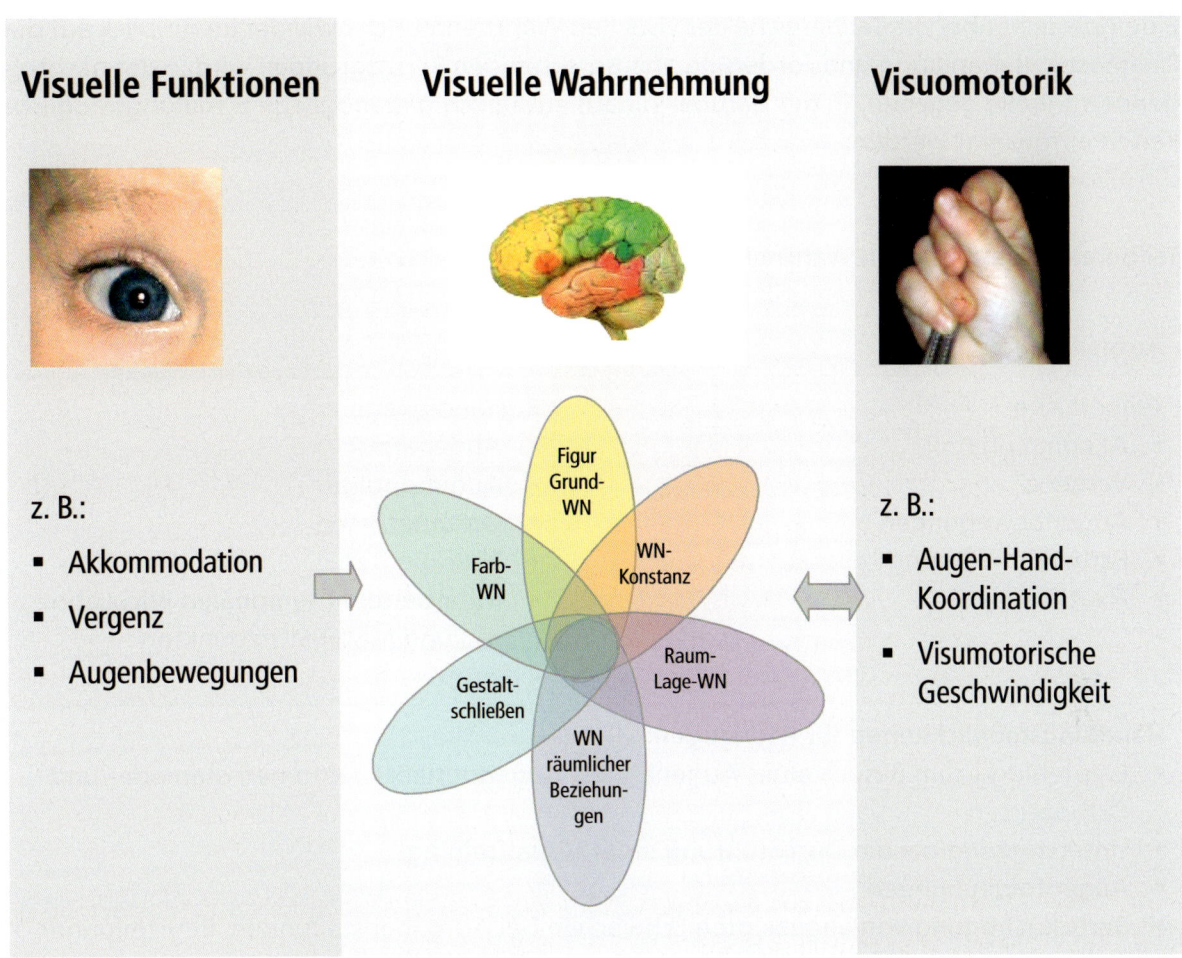

Abb. 3: Teilbereiche der visuellen Wahrnehmung

Als Teilbereiche der visuellen Wahrnehmung, die sich schwerpunktmäßig mit der **Verarbeitung** von optischen Informationen befassen und in Bezug auf die Diagnostik und Förderung geringe bis keine Anforderungen an motorische Fertigkeiten stellen, sind z. B. zu nennen:
- die Farbwahrnehmung,
- die Figur-Grund-Wahrnehmung,
- das Gestaltschließen,
- die Wahrnehmungskonstanz,
- die Wahrnehmung räumlicher Beziehungen,
- die Wahrnehmung der Raum-Lage sowie
- das visuelle Gedächtnis.

Die Bereiche sind in dieser Reihenfolge aufgeführt, da sie z.T. aufeinander aufbauen (s. auch Kap. 3.2.2).

Zu dem Bereich der **Visuomotorik**, die im Rahmen der Diagnostik und Förderung feinmotorische Kompetenzen integriert, zählen z. B.:
- die Augen-Hand-Koordination und
- die visuomotorische Geschwindigkeit.

Eine Übersicht über die Teilbereiche der visuellen Wahrnehmung sowie der im Hinblick auf die Diagnostik, Behandlung und Förderung anzusprechenden Berufsgruppen wird in der nachfolgenden Tabelle gegeben, in der darüber hinaus zusätzlich pädagogische Handlungsmöglichkeiten aufgezeigt werden.

Teilbereiche der visuellen Wahrnehmung

Aufnahme	
Teilbereiche: - Akkommodation - Vergenz - Augenbewegungen - Farbwahrnehmung - Fixation - …	Zuständigkeiten: - Augenärzte - Augenoptiker - Optometristen - Therapeuten - Mitarbeiter in regionalen BlickLaboren und Mobil-Stützpunkten - …
Handlungsmöglichkeiten für Pädagogen: - Empfehlung zum Besuch eines Augenarztes, Augenoptikers, Optometristen oder/und Orthoptisten - Unterstützung bei der Durchführung eines Visualtrainings - Augenfolgeübungen - Berücksichtigung von angezeigten Schwächen bei Aufgabenstellungen, Beurteilungen und auftretenden Problemen - …	

Verarbeitung	
Teilbereiche: - Farbwahrnehmung - Figur-Grund-Wahrnehmung - Wahrnehmung der Raum-Lage - Wahrnehmung räumlicher Beziehungen - Wahrnehmungskonstanz - Gestaltschließen - Visuelles Gedächtnis - …	Zuständigkeit: - Pädagogen - Therapeuten - Eltern - …
Handlungsmöglichkeiten für Pädagogen: - Empfehlung zum Besuch eines Augenarztes, Augenoptikers, Optometristen etc. - Durchführung diagnostischer Verfahren (s. Kap 3.4) - Durchführung von Förderkonzepten - Beratung und Kooperatio mit Eltern/ Erziehungsberechtigten - Berücksichtigung von angezeigten Schwächen bei Aufgabenstellungen, Beurteilungen und auftretenden Problemen - …	

Visuomotorik	
▪ Augen-Hand-Koordination ▪ Visuomotorische Geschwindigkeit ▪ Abzeichnen	▪ Pädagogen ▪ Therapeuten ▪ Eltern ▪ …

Handlungsmöglichkeiten für Pädagogen:
- Empfehlung von therapeutischen Maßnahmen (Ergotherapie, Psychomotorik, …)
- Durchführung diagnostischer Verfahren (s. Kap 3.4)
- Unterstützung durch
  - feinmotorische und/oder graphomotorische Übungen
  - spezifische Übungen zur Augen-Hand-Koordination
  - spezielle Schreiblehrgänge
  - …
- Berücksichtigung von angezeigten Schwächen bei Aufgabenstellungen, Beurteilungen und auftretenden Problemen
- …

3.3 Relevante Bereiche der visuellen Wahrnehmung für das Förderkonzept in ihrer Bedeutung für das Lernen

Dem vorliegenden Förderkonzept wurden speziell die Teilbereiche der visuellen Wahrnehmung zugrunde gelegt, die aus Sicht der Autoren
- durch Pädagogen in Form von Präventions-, Diagnostik- und Fördermaßnahmen sinnvoll unterstützt werden können,
- bislang eher selten systematisch und kontinuierlich in den Unterricht einfließen,
- durch eine kontinuierliche, systematische sowie alltagsnahe Förderung im täglichen Unterricht am besten gefördert werden können.

Das Förderkonzept „Bildung mit Durchblick" versteht sich somit nicht als ein allumfassendes Förderkonzept visueller Wahrnehmung. Vielmehr stehen die Teilbereiche der *Aufnahme* und insbesondere die der *Verarbeitung* visueller Reize im Fokus, denen idealerweise im pädagogischen Alltag entsprochen werden kann und die einer systematischen Integration in den Unterricht bedürfen. Der Bereich der *Visuomotorik* ist nach Auffassung der Autoren bereits durch viele alltägliche Anforderungen in der Schule repräsentiert (z. B. durch Schreibübungen oder im Kunstunterricht) und findet in diesem Förderkonzept daher keine gesonderte Berücksichtigung.

Nachfolgend werden folgende Teilbereiche der visuellen Wahrnehmung, die in dem Förderkonzept „Bildung mit Durchblick" angesprochen werden, jeweils kurz definiert und in ihrer Relevanz für das schulische Lernen, ihrem Verlauf der Entwicklung sowie anhand eines Beispiels und der Möglichkeiten der Diagnostik vorgestellt:

Aufnahme visueller Reize:
- Augenbewegungen, Blicksteuerung

Verarbeitung visueller Informationen:
- Farbwahrnehmung
- Figur-Grund-Wahrnehmung
- Wahrnehmungskonstanz.
- Gestaltschließen
- Wahrnehmung räumlicher Beziehungen
- Wahrnehmung der Raum-Lage
- Visuelles Gedächtnis

3.3.1 Aufnahme

Aus dem Bereich der Aufnahme optischer Informationen werden die Augenbewegungen näher erläutert, da sie als wichtige, trainierbare Voraussetzungen für schulisches Lernen anzusehen sind (vgl. Fischer 2009).

Augenbewegungen, Blicksteuerung

Unter **Augenbewegungen** (*Okulomotorik*) wird die Summe aller motorischen Möglichkeiten verstanden, die die Augäpfel haben, sich willkürlich und unwillkürlich in verschiedene Richtungen zu bewegen.
Die Augenbewegungen erfolgen in der Regel sprunghaft und nur selten kontinuierlich, wie beispielsweise in dem Fall, in dem wir einen vorbeifahrenden Fahrradfahrer mit den Augen verfolgen. Die normalen sprunghaften Augenbewegungen werden als Sakkaden bezeichnet (vgl. Fischer 2009). Sie dauern zwischen 20 und 100 Millisekunden an. Während der Ausführung der Sakkaden ist unsere visuelle Wahrnehmung außer Kraft gesetzt, d. h. wir sind für diese Millisekunden blind[3]. Dank unseres Gehirns bemerken wir dies jedoch nicht. Im Anschluss jeder Sakkade schließt sich eine 200 bis 600 Millisekunden andauernde unbewegliche Phase an, die sogenannte Fixierung. In dieser Phase können visuelle Informationen aufgenommen werden (vgl. Gröne http://www.tg8.eu/webseiten/so%20liest%20man.html). So wechseln sich Sakkaden und Fixierungen stetig ab.

Relevanz für schulisches Lernen

Gezielte Augenbewegungen und damit verbunden auch gezielte Blicksprünge sind zum Beispiel von großer Bedeutung, damit Kinder in der Schule
- die Buchstabenformen erkennen und diskriminieren/differenzieren,
- die Buchstabenfolge eines Wortes oder auch die Ziffernfolge einer Zahl erkennen,
- die Fähigkeit zur Buchstabensynthese entwickeln (des Zusammenschleifens mehrerer Buchstaben),
- den Blickwechsel zwischen Nah und Fern vollziehen (Heft – Tafel),

---

3 Sie können diesen interessanten Effekt an sich selber testen. Stellen Sie sich dazu mit einem Partner vor einen Spiegel. Schauen Sie sich selbst abwechselnd mal ins rechte und dann ins linke Auge, während Ihr Partner Ihre Augen im Spiegel beobachtet. Ihr Partner wird Ihre Augensprünge deutlich erkennen, wohingegen Sie den Eindruck erlangen, dass Ihre Augen still stehen.

- beim Lesen und (Ab-) Schreiben in der Zeile bleiben,
- eine gute Augen-Hand-Koordination entwickeln,
- mit einem starken Kontrast umgehen sowie
- flüssig, genau und schnell lesen und schreiben.

(vgl. Milz 2002)

3.3.2 Verarbeitung

Nachfolgend werden die oben bereits genannten Teilbereiche der Verarbeitung optischer Informationen im Überblick beschrieben.

Farbwahrnehmung

Farben werden ausgelöst durch elektromagnetische Schwingungen mit Wellenlängen von etwa 380µm bis 750µm. Diese vermitteln über das Auge Farbwahrnehmungen (vgl. Fischer 1995).

Die Farbwahrnehmung stellt eine bedeutende Quelle von Informationen dar und beinhaltet wichtige Funktionen: sie ermöglicht uns, Objekte besser zu unterscheiden, Formen korrekt wahrzunehmen und so eine wahrgenommene Szene effektiver zu gliedern und überlebenswichtige Aufgaben zu bewältigen (vgl. Goldstein 2002).
Farben helfen unter anderem dabei
- Gegenstände anhand des Kontrastes gegenüber anderen abzugrenzen (Kirschen von einem Baum zu pflücken),
- Teile eines Gegenstandes als „Ganzes" zusammengehörig erscheinen zu lassen, obwohl sie durch unterschiedliche Helligkeitskonturen oder durch Schattenwurf bei Verdeckungen separiert erscheinen und
- Signale zu erkennen (Straßenverkehr, Lebensmittel) (vgl. ebd.).

Im Zusammenhang mit dem Farbensehen stehen im weiteren Sinne auch die Hell- Dunkel- oder die Kontrastunterscheidungen (vgl. Fischer 1995).

Schulische Relevanz

Die Farbwahrnehmung hat in Bezug auf das schulische Lernen u. a. folgende Bedeutungen:
- Kinder nutzen Visualisierungen (Abbildungen, farbige Kreide etc.) und buntes Arbeitsmaterial
- Kinder nehmen farbige Markierungen für Hervorhebungen wahr und nutzen diese
- Kinder umkreisen Mengen farbig und erkennen so die Mengengliederung, zum Beispiel bei Zehnerbündelung im Mathematikunterricht
- Kinder erfassen Signale und Codes, beispielsweise „grüne" und „rote" Karten
- Kinder benutzen die Farberkennung für angepasstes Verhalten im Straßenverkehr (Fahrradprüfung)

Beispielaufgabe

Welche Farbe kommt bei der Kugelkette nur einmal vor?

Für diese Aufgabe müssen die Kinder die Kugeln anhand ihrer Farben voneinander differenzieren. Schwierigkeiten könnte diese Aufgabe Kindern bereiten, die z. B. an einer Rot-Grün-Sehschwäche leiden.

Figur-Grund-Wahrnehmung

Die Figur-Grund-Wahrnehmung stellt die Fähigkeit dar, die Aufmerksamkeit auf einen bestimmten Reiz zu richten und den Rest als eher unscharfen Grund zu betrachten (vgl. Frostig et al 1976, 6).

Die „Figur" ist dabei derjenige Teil des Wahrnehmungsfeldes, auf den die Aufmerksamkeit gerichtet ist. Er ist nicht Teil des „Grundes", sondern wird „abgehoben" wahrgenommen (vgl. Fischer 1995). Verändert der Wahrnehmende seinen Fokus auf ein anderes Objekt, wird der neue Aufmerksamkeitsbrennpunkt die neue „Figur" und die vorherige tritt in den „Grund" zurück (vgl. Frostig 1976). Mit der Figur-Grund-Wahrnehmung ist der Mensch in der Lage, für ihn Wichtiges von Unwichtigem zu unterscheiden und seine Aufmerksamkeit zu steuern.

Relevanz für schulisches Lernen

Die verlässliche Unterscheidung zwischen Figur und Grund ist zum Beispiel von großer Bedeutung, damit Kinder in der Schule
- ihre Aufmerksamkeit steuern und sich auf wesentliche Reize konzentrieren (Fähigkeit der selektiven Aufmerksamkeit; Zentrierung der Wahrnehmung),
- mit den Augen und Händen Gegenstände erfassen und greifen,
- geforderte Objekte ausdifferenzieren,
- Buchstaben im Wort, auf einer Heftseite oder an der Tafel erkennen,
- von der Tafel oder aus dem Buch abschreiben (hierzu auch Orientierung im Raum/Heft; wechselnder Abstand vom visuellen Objekt: ständiger Wechsel der Blickrichtung von fern zu nah und umgekehrt),
- selbständig Wörter/Texte verschriften (Fähigkeit der Synthese und Analyse),
- die Anordnung von Ziffern in mehrstelligen Zahlen erkennen,
- räumliche Begriffe verstehen und nutzen wie beispielsweise „zwischen", „hinter", „vor",
- Reihenfolgen bilden und
- Mengen zuordnen und strukturieren können

(vgl. Knauf et al. 2006; Milz 2002; Lorenz 2009).

Beispielaufgabe

Kannst du auf diesem Bild ein Fahrrad erkennen?

Um das Fahrrad finden zu können, müssen sich die Kinder vom Vordergrund lösen und auch den Hintergrund absuchen. Das Fahrrad stellt hier die zu suchende „Figur" dar und die anderen Objekte müssen in den „Hintergrund" zurücktreten. Sie sind für diese Aufgabe unwichtig.

Wahrnehmungskonstanz

Die Wahrnehmungskonstanz stellt einen sehr wichtigen Baustein der visuellen Wahrnehmung dar. Goldstein (2002) bezeichnet sie als Kernbereich der visuellen Verarbeitung, da die Leistung auf genetisch determinierte Eigenschaften des visuellen Systems und dem Lernen basieren.

„Wahrnehmungskonstanz ist die Tendenz, dass Objekte in unserer Umgebung, obwohl sie sich unseren Sinnesorganen unterschiedlich präsentieren, relativ stabil wahrgenommen werden" (Fischer 1995, 142).
Die Wahrnehmungskonstanz beschreibt somit die Fähigkeit, die Eigenschaften von Gegenständen zu erkennen, auch wenn sie sich in Form, Farbe, Größe, in der Struktur oder der Art der Darbietung unterscheiden (vgl. Frostig 1979; Fischer 2003).

Frostig (1979) unterteilt die Wahrnehmungskonstanz in *Größenkonstanz*, *Helligkeitskonstanz* und *Farbkonstanz*. Fischer (1995) ergänzt diese Unterteilung noch um die *Formkonstanz*.

- Die **Größenkonstanz** bezeichnet die Fähigkeit, die tatsächliche Größe eines Objekts unabhängig von Faktoren zu erkennen, die seine Größe subjektiv verändern, wie beispielsweise die Distanz (vgl. Frostig 1979).

- Die **Helligkeitskonstanz** bezieht sich auf die Fähigkeit, einen Gegenstand unabhängig von der Menge des Lichts, die er reflektiert, zu erkennen (vgl. ebd.).

- Die **Farbkonstanz** beschreibt die Fähigkeit, Farben unabhängig vom Hintergrund oder von Beleuchtungsverhältnissen wahrzunehmen (vgl. ebd.).

- Die **Formkonstanz** charakterisiert die Fähigkeit, dominante Merkmale von Figuren oder Formen zu erfassen, auch wenn diese in verschiedenen Größen, Schattierungen, Lagen und mit ungleichen Oberflächenstrukturen eintreffen (vgl. Büttner/Dacheneder/Schneider/Weyer 2007).

Relevanz für schulisches Lernen

Die Wahrnehmungskonstanz ist von großer Bedeutung, damit Kinder in der Schule
- geometrische Figuren erkennen,
- Zahlen erfassen, die sich nur durch den Stellenwert unterscheiden,
- konstante Mengen erkennen (z. B. Mengen in schmalen, höheren oder breiten Gefäßen),
- Buchstaben in unterschiedlicher Größe oder in unterschiedlicher Schriftarten identifizieren,
- Einzelheiten zu einem Gesamteindruck, zu einem „Bild", zusammensetzen und so zu einer angemessenen Lösung eines Problems kommen und
- ihr Verhalten auf das „Insgesamt" einer Situation abstimmen und nicht nur auf einzelne Elemente reagieren

(vgl. Milz 2002; Knauf et al. 2006).

Beispielaufgabe

Wie viele Hände erkennst du auf diesem Bild?

Für die Lösung dieser Aufgabe müssen die Kinder Hände erkennen, die sich in ihrer Inszenierung sowohl durch Größe, Farbe, Perspektive, Beleuchtung und Anzahl der angezeigten Finger unterscheiden.

Gestaltschließen

Die Fähigkeit des Gestaltschließens hängt eng mit der Wahrnehmungskonstanz zusammen, denn auch hier müssen Kinder über eine relativ stabile Vorstellung von Objekten in ihrer Umgebung verfügen (vgl. Frostig 1979). Das Gestaltschließen geht jedoch über die Wahrnehmungskonstanz hinaus, denn beim Gestaltschließen wirken Prozesse des Wahrnehmens, Erkennens und Kategorisierens eng zusammen.

Goldstein (2002) weist darauf hin, dass die meisten Menschen mit Wahrnehmung zuallererst das Erkennen von Gegenständen in Kombination mit ihrer Funktion verbinden. Diese Wahrnehmung von Objekten gelingt in der Regel ganz einfach und mechanisch, was allerdings nicht zu der Annahme verleiten darf, dass diese Fähigkeit einfach zu erwerben wäre. Zum einen muss die zweidimensionale Abbildung des wahrgenommenen Umwelteindrucks auf der Netzhaut in eine dreidimensionale Repräsentation umgewandelt werden, zum anderen müssen dazu verschiedene Umrisse wahrgenommen, Objekte voneinander getrennt und Verdeckungen von Teilen der Objekte sowie Schatten korrekt interpretiert werden (vgl. Goldstein 2002).

Damit die Wahrnehmung von Objekten gelingen kann, muss das visuelle System komplexe Probleme lösen, die sich in fünf Bereiche aufgliedern lassen (vgl. Goldstein 2002):

1. **Erkennen auf unterschiedlichen Komplexitätsebenen**
   Hierunter werden Prozesse des visuellen Unterscheidens und Einordnens verstanden.
2. **Merkmale und Merkmalskomplexe werden zu Einheiten organisiert**
   Hierunter werden Prozesse des Analysierens und Bildens von größeren Einheiten aufgrund von Einzelmerkmalen gefasst.
3. **Objekte und Oberflächen bei wechselnden Darbietungs- und Beobachtungsbedingungen erkennen**
   Hier geht es um die Identifikation bei wechselnden Bedingungen wie z. B. der Farbe, Form, Größe.
4. **Begriffliche Ordnung der Welt aufbauen**
   Dieser Bereich versteht sich den bereits genannten vorgelagert. Die Gliederung in Kategorien ist sehr eng mit der Zuweisung der sprachlichen Bezeichnung verbunden. Motivations- und Handlungszusammenhänge oder auch Über- und Unterordnungen tragen zu der Ordnung der Kategorien bei.
5. **Das Erkennen von Objekten im Zusammenhang mit dem Lernen**
   Die Klassifizierungen fußen auf Erfahrungen und Kenntnissen, die zunächst nur grobe Unterscheidungen zulassen. Mit fortschreitender Übung und steigenden Kenntnissen werden sie immer besser und feiner verfügbar.

Somit muss für die Interpretation eines Bildes ein breites Spektrum an Wahrnehmungen, Wiedererkennungen und Kategorisierungen eingesetzt werden (vgl. Goldstein 2002).

Schulische Relevanz

Das Gestaltschließen ist in der Schule von Bedeutung, da Kinder auf diese Fähigkeit zurückgreifen, wenn sie beispielsweise
- Buchstaben erkennen, auch wenn diese nicht formrichtig geschrieben wurden,
- Sichtwörter beim Lesen entwickeln (Wörter, die „auf einen Blick" wahrgenommen werden. Dazu lernen sie:
  • eine bestimmte Silbe als eine feste Buchstabenkombination zu erfassen,
  • ein bestimmtes Wort als eine Silbenkombination wieder zu erkennen),
- Wörter segmentieren.

Beispielaufgabe

Welche Farben haben die hier abgebildeten Tiere?

Für die Lösung dieser Aufgabe müssen zunächst die teilweise ausgewischten Wörter vervollständigt und anschließend die abgebildeten Tiere identifiziert werden. Für beides ist die Fähigkeit des Gestaltschießens notwendig. Sowohl das Wortbild muss erkannt und ergänzt werden, als auch die sich gegenseitig verdeckenden Abbildungen.

Wahrnehmung räumlicher Beziehungen

Unter der Wahrnehmung räumlicher Beziehungen wird die Fähigkeit verstanden, Beziehungen zwischen Objekten zu erkennen und zu beschreiben (vgl. Frostig 1979). Zwei oder mehrere Objekte können so in Relation zueinander oder zum Betrachter gebracht bzw. wahrgenommen werden. Die Wahrnehmung der räumlichen Beziehungen stellt sich somit komplexer dar und entwickelt sich später als die Fähigkeit der Wahrnehmung der *Raum-Lage* (s.u.).

Grundsätzlich sei zudem darauf hingewiesen, dass die Wahrnehmung räumlicher Beziehungen ebenso wie die Fähigkeit zur Figur-Grund-Unterscheidung eine generelle Berücksichtigung von Beziehungen einschließt. Während das Hauptaugenmerk bei der Figur-Grund-Unterscheidung jedoch auf dem Vorder- und Hintergrund, also der „Figur" und dem „Grund" liegt, richtet sich der Fokus bei der Wahrnehmung räumlicher Beziehungen auf beliebige Teile, die zueinander in Beziehung gesetzt werden können (vgl. ebd.). Die jeweiligen Teile beanspruchen in dem Fall ebenso gleiche Teile an Aufmerksamkeit.

Büttner u. a. schreiben, dass die Wahrnehmung der räumlichen Beziehungen „die Analyse von Formen und Mustern in Relation zum eigenen Körper und zum Raum" erfordert (2007, 11). Anhand dieser Aussage wird bereits die Relevanz in Bezug auf die schulischen Anforderungen deutlich.

Relevanz für schulisches Lernen

Die Wahrnehmung räumlicher Beziehungen wird grundsätzlich als Voraussetzung betrachtet für
- die Fähigkeit räumlichen Wahrnehmens und Denkens,
- ein gutes Orientierungsvermögen,
- die Fähigkeit des Zeichnens,
- die Präzisierung der Sprache (Begriffe wie „gegenüber", „zwischen", „davor", „danach" und Relationen wie „größer", „kleiner" verstehen),
- die Fähigkeit, die Buchstaben in ihrer Beziehung und ihrer Bedeutung zueinander zu erfassen (Reihenfolge),
- die Kompetenz, Muster und Strukturen sowie Größen zu erfassen,
- die Befähigung, geometrische Figuren zu erkennen, zu benennen und darzustellen,
- das Erfassen und Darstellen von Flächeninhalten und Rauminhalten sowie
- die Fähigkeit, Positionen und Mengen zu erfassen

(vgl. Franke 2000; Milz 2002).

Beispielaufgabe

Welche Farbe haben die Buchstaben, die nicht in der richtigen Reihenfolge aufgeschrieben sind, also an der falschen Stelle stehen?

Für diese Aufgabe müssen die Buchstaben des Alphabets in Beziehung zueinander gesetzt werden.

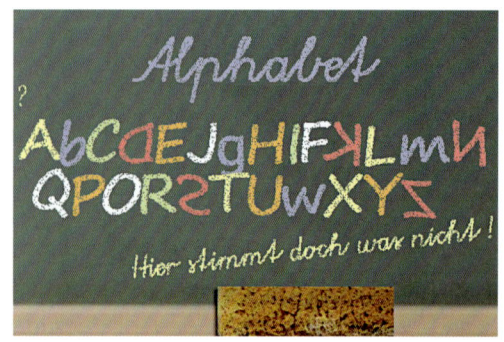

Wahrnehmung der Raum-Lage

Die Wahrnehmung der Raum-Lage wird beschrieben als das Erkennen der Raum-Lage-Beziehung eines Gegenstandes zu dem Standpunkt der Person, die diesen Gegenstand wahrnimmt (vgl. Frostig 1979). Zugrunde liegt das Phänomen, dass der Wahrnehmende – zumindest räumlich gesehen – immer das Zentrum seiner eigenen Welt darstellt. Er nimmt so beispielsweise Gegenstände bezogen auf seine eigene Position als hinter, vor oder neben sich wahr. Die Fähigkeit zur Raum-Lage-Wahrnehmung ist immens wichtig, wie der Hinweis auf die Lokalisation von Gefahrenquellen oder die Orientierung im Raum verdeutlicht. Sie stellt zudem die Grundlage dar für die komplexer strukturierte Wahrnehmung der räumlichen Beziehungen und baut auf die Fähigkeiten der Figur-Grund-Unterscheidung und der Formkonstanz auf (vgl. Milz 2002).

Relevanz für schulisches Lernen

Die Wahrnehmung der Raum-Lage ist grundlegend, damit Kinder in der Schule
- Gegenstände und geschriebene Symbole in Beziehung zur eigenen Position passend wahrnehmen,
- sichere und geschickte Bewegungen ausführen,
- Begriffe, die die Raum-Lage-Beziehung beschreiben, verstehen und benutzen (hinter, davor, neben, unter, außen, rechts, links usw.),
- Buchstaben, Wörter, Sätze, Zahlen und Bilder klar und nicht verzerrt wahrnehmen,
- Buchstaben diskriminieren („p" und „b", „ab" und „ba", „34" und „43" differenziert wahrnehmen),
- die Schreibverarbeitungsrichtung von links nach rechts einhalten und
- Lesen, Rechnen und Schreiben lernen

(vgl. Eggert/ Bertrand 2002; Frostig 1979).

Beispielaufgabe

Welche Farbe hat das richtig geschriebene Wort?

Hier müssen die Kinder die Raum-Lage der Buchstaben in den Wörtern genau überprüfen.

Visuelles Gedächtnis

Das visuelle Gedächtnis bezeichnet den Teil des sensorischen Gedächtnisses, der für die ankommenden visuellen Informationen zuständig ist.

Gedächtnis bezeichnet dabei „die Fähigkeit, Informationen zu speichern und abzurufen. Ohne Gedächtnis könnten wir weder sehen, noch hören noch denken" (Baddeley 1988 in Fischer 1995, 316).

Angemerkt sei noch, dass das visuelle Gedächtnis natürlich nicht isoliert arbeitet. Immer stehen alle Informationen aus dem sensorischen Gedächtnis in engen Wechselwirkungen zueinander. Zudem wird das Gedächtnis auch durch gefühlsmäßige, affektive Faktoren beeinflusst.

Relevanz für schulisches Lernen

Ein gut funktionierendes visuelles Gedächtnis ist wichtig, damit die Kinder
- beim Lesen in der Lage sind, Buchstaben, Silben oder Wörter auf „einen Blick" wiederzuerkennen (z. B. Sichtwörter zu entwickeln),
- sich die Art der Verschriftung von Buchstaben und/oder speziellen Lauten wie z. B. „sp", „st", oder „sch" sowie die Schreibweise von Wörtern merken,
- sich Wörter und deren Bedeutung beim Lesen merken (z. B. beim sinnentnehmenden Lesen),
- sich Mengen visuell vorstellen können (z. B. die Anzahl der Finger an einer Hand),
- sich Eigenschaften und Merkmale von geometrischen Formen und Körper merken und mit ihnen gedanklich umgehen können (z. B. ein Würfelnetz erstellen können),
- visuelle Signale und damit verbundene Regeln verinnerlichen können (wie beispielsweise dem Ruhezeichen).

Beispielaufgabe

Schaut euch das Bild genau an und versucht euch besonders die Farben zu merken.

Nach einer kurzen Zeit wird das Bild nicht mehr angezeigt. Jetzt wird die Frage gestellt:

Welche Farbe hatte der große Schmetterling auf dem Bild?

3.3.3 Visuomotorik

Der Bereich der Visuomotorik findet sich aus Sicht der Autoren im Schulalltag bereits recht intensiv wieder, so dass er in dem vorliegenden Förderkonzept keine Berücksichtigung findet. Die Präsenz der Visuomotorik im Kontext Schule ist sicherlich auch im Zusammenhang mit Schreiblernprozessen zu sehen, wobei den Pädagogen darüber hinaus ein umfangreiches Materialangebot zur Unterstützung feinmotorischer sowie graphomotorischer Kompetenzen zur Verfügung steht (vgl. Naville/Marbacher 1999; Schäfer 2001; Schilling 2004; Pauli/Kisch 2010; Vetter/Amft/Sammann/Kranz 2010).

Unter Visuomotorik sind die Bewegungen zu verstehen, die von den Augen gesteuert werden (vgl. Rosenkötter 1998).

Die Visuomotorik stellt eine wesentliche Grundlage für zielgerichtetes Handeln dar. Fast jede Bewegung, die der Mensch ausführt, kontrolliert er sensorisch über den visuellen Kanal. Wer beispielsweise durstig ist, sucht ein Zielobjekt aus, visiert es mit den Augen und leitet ein motorisches Signal an die Muskeln, um das Objekt anzufassen, aufzuheben und/oder zum Mund zu führen. Wie die motorischen Signale dazu aussehen müssen, lernt der Mensch im Laufe seiner Entwicklung durch die visuelle Kontrolle. Das visuomotorische Kontrollsystem ist fortwährend und lebenslang aktiviert. Fehlt die visuelle Kontrolle, werden die Bewegungen langsamer, erscheinen komplizierter und werden zumeist taktil über das Tasten kontrolliert. Der Mensch vertraut in einem hohen Maße auf seine visuelle Wahrnehmung und steuert über das visuelle Feedback sein Verhalten. Dabei ist das visuomotorische System nicht statisch, sondern ständig in Veränderung (vgl. Milz 2002).

In Bezug auf die schulischen Lern- und Leistungsprozesse sind aus dem Bereich der Visuomotorik insbesondere die Augen-Hand-Koordination und die visuomotorische Geschwindigkeit von Bedeutung. Diese Bereiche werden nachfolgend anhand einer Definition und in ihrer Bedeutung für schulisches Lernen vorgestellt.

Augen-Hand-Koordination

Die Augen-Hand-Koordination, die in der Literatur oft auch bezeichnet wird als visuomotorische Koordination (vgl. Knauf et al. 2006), beschreibt das kontinuierliche Zusammenspiel von Augen und Hand oder Händen. So müssen Bewegungen des Körpers oder Teile des Körpers mit dem Sehen koordiniert werden (vgl. Frostig 1979). Grundsätzlich sei vorangestellt, dass intakte Augenbewegungen als Grundlage für die Augen-Hand-Koordination anzusehen sind (vgl. Knauf et al. 2006).

Die Augen-Hand-Koordination stellt eine komplexe Leistung auf intermodaler Ebene dar, da hierbei das visuelle wie auch das taktil-kinästhetische System integrierte Informationen liefern muss, damit gezielte Bewegungen ausgeführt werden können (vgl. Milz 2002). Die Qualität der Aufnahme und Verarbeitung visueller Wahrnehmung und die Fähigkeit zu deren handmotorischer Umsetzung liefern entscheidende Voraussetzungen für das Erlernen des Lesens und Schreibens.

Relevanz für schulisches Lernen

Eine gute Augen-Hand-Koordination ist im Rahmen schulischer Anforderungen unter anderem wichtig in Bezug auf:
– das Vergleichen von Wörtern und Texten (optische Unterscheidung nach Form, Größe, Lage, Folgenbildung, Art und Anzahl von Kleindetails, sowie Feststellung von Ähnlichkeiten und Unterschieden),
– das Zuordnen beim Zählen (zum Beispiel über das Berühren der Zählobjekte mit den Fingern),
– das Fixieren von Einzelobjekten,
– die Graphomotorik (formrichtige und leserliche Schrift),
– das Abschreiben (komplette oder partielle Reproduktion visuell erfasster Symbole),

- das Schreiben; hier erfolgt eine Speicherung des Wortbildes im visuellen Gedächtnis und des Bewegungsablaufes im Bewegungsgedächtnis,
- das Rechnen (Koordination von Fingern, Rechenmaterial)

(vgl. Milz 2002; Knauf et al. 2006).

Visuomotorische Geschwindigkeit

Visuomotorische Geschwindigkeit bezeichnet die Ausführungsgeschwindigkeit von Bewegungen, die über die Augen gesteuert werden. Sie stellt einen wichtigen Aspekt der visuomotorischen Leistungsfähigkeit dar (vgl. Büttner/Dacheneder/Schneider/Weyer 2007).

Relevanz für schulisches Lernen

Die visuomotorische Geschwindigkeit ist im Rahmen schulischer Lern- und Leistungssituationen unter anderem bedeutsam für:

- das Arbeitstempo, zum Beispiel in Bezug auf Abschreibübungen, Erledigen von Stillarbeiten im Unterricht,
- die Konzentrationsfähigkeit und Aufmerksamkeitsspanne,
- das Lesetempo,
- das Schriftbild beim „schnellen" Schreiben sowie
- die Konzentrations- und Flüchtigkeitsfehler.

3.4 Diagnostik visueller Wahrnehmung

Das vorliegende Förderkonzept lehnt sich an Grundgedanken einer **Förderdiagnostik** nach Eggert/Reichenbach/Lücking (2007) an. Das heißt, dass jede Fördersituation gleichzeitig auch als Diagnostiksituation dient und daher alle erzielten Beobachtungen in die diagnostische Beschreibung und Dokumentation einfließen. So eignet sich die zuvor vorgenommene Unterteilung (s. Kapitel 3.3) der visuellen Wahrnehmung auch als Orientierung für diagnostische Beobachtungen.

3.4.1 Allgemeine Beobachtungshinweise

In der Literatur sind unterschiedliche Auflistungen zu Symptomen von Beeinträchtigungen der visuellen Wahrnehmung zu finden. Die nachfolgende Zusammenstellung liefert eine Übersicht über typische Beobachtungsmerkmale bzw. -kriterien für Beeinträchtigungen der Aufnahme und Verarbeitung visueller Reize sowie der Visuomotorik (vgl. Leyendecker 1988; Günther/Jäger 2004; Werkstetter 2009b http://www.werkstetter.de/navigation/brosch/brosch.htm).

Selbstverständlich sollten die Kinder, die eine Sehhilfe benötigen, in den alltäglichen Beobachtungssituationen ihre Brille tragen, so dass eine Beschreibung unter alltäglichen und bereits individuell visuell abgestimmten Voraussetzungen erfolgt.

Die nachfolgende Übersicht stellt eine Anregung für gezielte Beobachtungssequenzen dar.

Verbale Hinweise:	
Anmerkung: Kinder mit angeborenen Wahrnehmungsbeeinträchtigungen sind sich dessen oft nicht bewusst, da ihnen keine Vergleichsmöglichkeiten vorliegen und sie ihr Sehvermögen als „normal" voraussetzen. Insofern ist das Ausbleiben verbaler Hinweise kein hinreichender Beleg dafür, dass keine Beeinträchtigung vorliegt.	
Beobachtungen:	**Beobachtungssituationen:**
Äußerungen des Schülers über Beschwerden: • Verschwommenes, unscharfes Sehen • Schwierigkeiten beim Weitsehen (beispielsweise beim Blick an die Tafel) • Schwierigkeiten beim Beobachten von Vorführungen / Versuchsanordnungen etc. • Schwierigkeiten beim Lesen von klein gedruckter Schrift • Kopfschmerzen • Augendruck	Gespräche über Erfahrungen in Bezug auf das Sehen • im Alltag • im Anschluss an Abschreibaufgaben von der Tafel ins Heft • im Anschluss an Leseübungen mit unterschiedlichen Schriftgrößen • im Anschluss an Vorführungen, Versuche, etc.
Allgemeine Hinweise:	
Abweichendes Sehverhalten: • Kurzer Lese-/Schreibabstand (das Kind verfolgt den Text auf dem Blatt Papier sehr nah; die Nase berührt fast das Papier) • Schiefe Kopfhaltung beim Sehen/Lesen • Schiefe Sitzhaltung • Seitliches Verschieben des Textes vor ein Auge • Gebrauch von ausschließlich einem Auge • Blinzeln • Reiben der Augen	Im Vergleich zur Bezugsgruppe oder im Vergleich der Person (vorher/nachher) • in Lesesituationen • bei Beobachtung in Bezug auf die Händigkeit (Linkshänder legen Hefte oft schief)
Schnelle Ermüdung	Aufgaben, die Anforderungen an die Augen stellen wie beispielsweise Lese- oder Abschreibaufgaben, Labyrinthe
Konzentrationsprobleme	Abschreibtexte, Diktate, Zeichnungen, Umkreisen von Mengen, Rechentests etc.
Intellektuell nicht erklärbare Schwächen	

Physiologische Hinweise:	
Auffälligkeiten des Organs: • Augenzittern • Augenrollen • Schielen • Häufiges Reiben der Augen • Rötungen der Augen • Tränen der Augen	Während • Vorlesesituationen • Abschreibaufgaben • Augenfolgeübungen • anderer Aufgaben, die das visuelle System beanspruchen
Blickauffälligkeiten: • Scheinbares Vorbeisehen an einem fixierten Objekt • Keine Aufnahme von Blickkontakt • „Verschlafener Blick"	• während Auge-Folge-Übungen • beim Aufnehmen von Blickkontakt in Gesprächssituationen mit unterschiedlichen Personen (Kind-Kind, Kind-Pädagoge, Kind-Elternteil) • nach Aufforderung zum Aufnehmen von Blickkontakt
Erhöhte Blendeempfindlichkeit, Lichtscheu, Wunsch nach stärkerem Licht	• Alltagssituationen • beim Sitzen und Arbeiten gegenüber einer Lichtquelle (Fenster) • beim Wechsel in andere Räume • auf dem Weg nach draußen
Hinweise im Bewegungsverhalten:	
Motorische Auffälligkeiten: • Anstoßen • Stolpern • Daneben greifen • Fehltritte auf Treppen	Im Rahmen des Sportunterrichts oder in freien Bewegungssituationen, wie beispielsweise bei Pausenspielen • Bewegungsbaustelle • Fangen spielen • Ball fangen • Treppensteigen
Das Kind wirkt ungeschickt	• bei grobmotorischen Anforderungen wie Ballspielen, Balancieren etc. • bei feinmotorischen Anforderungen wie Schneiden, Malen, An- und Ausziehen, Schuhe an- und ausziehen etc.
Hinweise im Sozialverhalten:	
Anzeichen von Angst	Vor oder während der Ausführung von Leistungsanforderungen, denen nur entsprochen werden kann, wenn gutes Sehvermögen vorhanden ist
Geringe Frustrationstoleranz durch häufige Überforderung und Scheitern	

Erschwerte Kontaktaufnahme zu anderen Personen	Alltagssituationen • beim Spielen in den Pausen • bei Partner- und /oder Gruppenarbeiten
Probleme bei der Wahrnehmung von neuen Personen oder Gegenständen	
Hinweise in Lern- und Leistungssituationen:	
Beim Lesen wird die Zeile oft „verloren"	Bei • bei Vorlese- und Leseaufgaben • bei Abschreibaufgaben • bei Aufgaben zum freien Verschriften • bei Augenfolgeübungen • beim Rechnen • bei anderen Aufgaben, die das visuelle System beanspruchen
Buchstaben und/oder Zahlen verwechseln (d + b, p + q, n + u, 9 + 6 usw.)	
Buchstaben oder Silben weglassen, hinzufügen oder die Buchstabenfolge vertauschen	
Langsames ‚stolperndes' Lesen	
Mangelnde Sinnerfassung beim Lesen	
Rechtschreibfehler auch in bekannten Wörtern (verschiedene Schreibweisen eines Wortes)	
Schnelles Nachlassen der Lese- und Schreibqualität mit zunehmender Dauer der Aufgabe	
Leseunlust	
Vorgegebene Felder oder Linien werden nicht sauber innerhalb eines Randes ausgemalt oder beschrieben	

Die Beobachtungen, die sich im Alltag ergeben, stellen oft hilfreiche Anhaltspunkte für weiterführende diagnostische Maßnahmen dar, wie
- das Führen von Gesprächen mit Schülern und/oder Eltern,
- der Planung weiterer systematischer Beobachtungssituationen,
- der Empfehlung zur fachärztlichen Untersuchung und/oder
- der Durchführung weiterer diagnostischer Verfahren.

3.4.2 Gesprächshinweise

Regelmäßige Gespräche mit Schülern stellen eine zentrale Grundlage dar, um Schwierigkeiten im Bereich des Sehens zu erkennen und zu beschreiben. Da die Kinder, die von Geburt an in ihrer visuellen Wahrnehmung eingeschränkt sind, aufgrund der fehlenden Vergleichsmöglichkeiten oft nicht von sich aus auf Einschränkungen hinweisen können, ist es wichtig, die Kinder auf Vergleichsmöglichkeiten hinzuweisen und dabei gemachte Erfahrungen und Unterschiede in Bezug auf die visuelle Wahrnehmung zu besprechen. Hierzu bieten sich, in Anlehnung an Malmquist/Valtin (1974), z. B. folgende Fragen an (vgl. Leyndecker 1988, 63f.), die nach Möglichkeit mit mehreren Kindern gleichzeitig thematisiert werden sollten (Vergleichsmöglichkeit):

Sehen:
- Könnt ihr deutlich erkennen, was an der Tafel oder in euren Büchern steht?
- Seht ihr manchmal verschwommen, z.B. wenn ihr auf die Tafel schaut?
- Seht ihr manchmal verschwommen, wenn ihr in ein Buch schaut oder lest?
- Seht ihr manchmal doppelt, z.B. wenn ihr auf die Tafel oder in ein Buch schaut oder lest?
- „Tanzen" die Bilder oder Buchstaben manchmal vor euren Augen?
- „Verrutscht" ihr manchmal (auf dem Bild oder) beim Lesen in der Zeile?
- Könnt ihr besser sehen, wenn ihr mit dem Kopf ganz nah an Bilder oder an das Buch herangeht?
- Wie viel Abstand habt ihr zum Buch, wenn ihr das Buch anschaut oder lest?
- Seht ihr manchmal Flecken oder Punkte vor euren Augen?

Anstrengung:
- Reibt ihr euch manchmal die Augen?
- Fühlt ihr manchmal, dass eure Augen anfangen zu brennen oder feucht zu werden oder zu tränen, nachdem ihr gelesen habt?
- Müssen sich eure Augen sehr anstrengen beim Lesen?
- Sind eure Augen manchmal entzündet oder gerötet?
- Bekommt ihr manchmal Schmerzen in den Augen?
- Bekommt ihr Schmerzen in den Augen vom Licht in der Schule oder zu Hause?
- Bekommt ihr manchmal Kopfschmerzen, nachdem ihr gelesen oder ferngesehen habt?
- Wird euch manchmal schwindelig, nachdem ihr ferngesehen oder gelesen habt?
- Deckt ihr manchmal ein Auge mit einer Hand zu, wenn ihr lest?

Die Gespräche über das Sehen und evtl. Schwierigkeiten ermöglichen gerade im Vergleich zu anderen Schülern eine Sensibilisierung der Schüler für ihre eigene visuelle Wahrnehmung. Neben den Gesprächen mit den Schülern leisten auch Gespräche mit Eltern einen wichtigen Beitrag dazu, möglichst frühzeitig adäquate pädagogische und medizinische Maßnahmen einleiten zu können und somit gute Voraussetzungen für Lern- und Leistungssituationen zu schaffen.

3.4.3 Systematische Beobachtungssituationen

Mithilfe des vorliegenden Förderkonzepts können darüber hinaus weitere systematische Beobachtungssituationen geschaffen werden. Zum einen bieten sich durch die Zuordnung der Aufgabenstellungen zu spezifischen Bereichen der visuellen Wahrnehmung, wie z. B. zur Figur-Grund-Wahrnehmung oder zur Farbwahrnehmung, gezielte Beobachtungsmöglichkeiten an. Zum anderen ermöglicht das Feedbacksystem (Rückmeldungen über Antwortkarten, Klatschen, Anzeigen von Mengen, …) dem Praktiker Vergleiche anzustellen und Anhaltspunkte zu möglichen Stärken oder Schwierigkeiten der Schüler zu bekommen. Dabei sei jedoch an dieser Stelle ausdrücklich darauf hingewiesen, dass eine „falsche" Antwort eines Schülers nicht zwingend auf eine eingeschränkte visuelle Wahrnehmung hinweist, sondern vielfältige Ursachen haben kann, wie mangelndes Aufgabenverständnis, Konzentrationsschwäche oder eine Ablenkung durch innere/äußere Faktoren. Die Hinweise, die sich dem Praktiker durch die Anwendung des vorliegenden Förderkonzepts ergeben, sollten somit immer den Prozess der genauen Beobachtung, Beschreibung, Hypothesenbildung und Förderung der einzelnen Wahrnehmungskompetenzen durchlaufen (vgl. Eggert/Reichenbach/Lücking 2007).

3.4.4 Fragestellungen und Beobachtungshinweise zum vorliegenden Förderkonzept

Im Folgenden werden Fragestellungen und Beobachtungshinweise gegeben, die sich für die Anwendung dieses Förderkonzeptes eignen.

Beobachtungshinweise in Bezug auf Augenbewegungen (Blicksteuerung)

Augenbewegungen können von Pädagogen selbst beobachtet werden (vgl. Milz 2002, 124f.). Geeignete Aufgaben finden sich im Kap. 7.1.

Beobachtungshinweise:
- Das Kind hält den Kopf still/es bewegt den Kopf folgendermaßen …
- Das Kind folgt mit dem rechten Auge der linken Hand/mit dem linken Auge der rechten Hand folgendermaßen …
- Das Kind folgt mit dem rechten/linken Auge horizontalen/vertikalen/diagonalen/kreisförmigen Bewegungen (nicht/stockend/fließend/ …).
- Das Kind führt mit dem rechten/linken Daumen (keine) gleichmäßigen und flüssigen Bewegungen aus.
- Das Kind beginnt mit dem rechten/linken Auge.
- Die Bewegungen des rechten/linken Auges wirken folgendermaßen … (füllen das Blickfeld aus/bleiben innerhalb des Greifraumes auf einer Seite).
- Die Augen bewegen sich (nicht) ruckartig.
- Die Augen bewegen sich über das Ziel hinaus.
- Es ist folgendes beim Überkreuzen der Körpermittellinie zu beobachten …
- Der rechte/linke Arm ist schlaff/durchgedrückt/überspannt (Muskeltonus).
- Mitbewegungen von folgenden Körperteilen sind zu beobachten…

- Die gleichzeitigen Bewegungen beider Augen sind gleichmäßig/flüssig/ruckartig/stockend.
- Das Kind bewegt folgende Gegenstände … gleichmäßig/ruckartig/stoppend an der Mittellinie/in Augenhöhe …

Fragestellungen zu den Aufgaben im Zusammenhang mit den Bildern der Stufe 1 bis 5

- Ist die Aufgabe für dich schwierig/leicht? Was genau ist für dich leicht? Was genau ist für dich schwierig?
- Wie hast du die Aufgabe (…) gelöst? Welche Strategie hast du benutzt?
- Was genau kannst du erkennen?
- Kannst du dich an das Bild erinnern? An was kannst du dich genau erinnern?
- Wie gehst du vor, wenn du ein Objekt suchen sollst? Suchst du z. B. kreuz und quer oder gehst du mit den Augen von oben nach unten und von links nach rechts? Wie machst du das genau?
- …

Beobachtungshinweise zu den Aufgaben im Zusammenhang mit den Bildern der Stufe 1 bis 5

Der Schüler
- schaut direkt auf das Bild.
- sieht durchgängig auf das Bild.
- sieht sich während des Vorlesens/der Bearbeitung der Aufgabe im Klassenraum um.
- zeigt die Raumrichtungen korrekt/nicht korrekt an.
- benennt die Raumrichtungen (rechts/links/oben/unten) korrekt/nicht korrekt.
- benennt auf Nachfrage, dass er sich die Raumrichtungen folgendermaßen merken kann …
- kann folgende Begriffe erklären/nicht erklären …
- begründet seine Antwort auf Nachfrage folgendermaßen …
- zeigt bei folgenden Aufgaben (Erinnerungsaufgaben, Aufgaben zur Farbwahrnehmung oder räumlichen Orientierung, …) die (nicht) passende Antwortkarte.
- benennt auf Nachfrage folgende Schwierigkeiten bei der Lösung der Aufgabe …
- benötigt im Vergleich zu anderen Schülern mehr/weniger Zeit, um die Aufgabe zu lösen.
- zeigt seine Antwort erst an, nachdem andere Schüler ihre Antworten anzeigen.
- beobachtet andere Schüler, bevor er eine Bewegung ausführt oder Antwort gibt.
- berichtet, dass er Folgendes (…) erkennen/nicht erkennen kann.
- berichtet, dass er folgende Buchstaben/Wörter/Zahlen erkennt/nicht erkennt …
- beschreibt das eigene Vorgehen bei visuellen Aufgaben folgendermaßen …
- beschreibt folgende Strategie für sein visuelles Vorgehen (wie beispielsweise beim Suchen eines Objektes) …
- wünscht sich auf Nachfrage folgende Hilfestellung…
- nimmt folgende Hilfestellung an …

3.4.5 Fachärztliche Untersuchungen

Falls sich im Rahmen der alltäglichen und/oder gezielten Beobachtungen Hinweise auf Schwierigkeiten im Bereich des Sehens ergeben, sind den Eltern des betroffenen Schülers in jedem Fall fachärztliche Untersuchungen zu empfehlen. Für einzelne Teilbereiche der visuellen Wahrnehmung gibt es spezielle diagnostische Möglichkeiten, die von einem Augenarzt, Augenoptiker oder Optometristen durchgeführt werden. So zum Beispiel zur Diagnostik von Farbwahrnehmung (Ishihara-Tafel für Erkennung von Rot-Grün-Blindheit). Weitere Hinweise zu speziellen fachärztlichen Untersuchungen sind u. a. auf der Homepage des Blicklabors zu finden (vgl. Blicklabor: **http://www.blicklabor.de**).

3.4.6 Diagnostische Verfahren

Darüber hinaus gibt es spezielle diagnostische Verfahren, die von Fachkräften (z. B. Motopäden, Heilpädagogen, Ergotherapeuten, Sonderpädagogen) durchgeführt werden, wie z. B.:

- der „Frostigs Entwicklungstest der visuellen Wahrnehmung 2" (FEW-2) von Büttner/Dacheneder/Schneider/Weyer (2007).
- das Raum-Zeit-Inventar (RZI) von Eggert/Bertrand (2002)
- das „Diagnostik im Schuleingangsbereich" (DiSb) von Reichenbach/Lücking (2008)
- der Punktiertest für Kinder (PTK) und Leistungs-Dominanz-Test (LDT) von Schilling (2009)

Der FEW-2 erfasst einen Großteil der in Kapitel 3.2 benannten Teilbereiche der visuellen Wahrnehmung, wie Figur-Grund-Wahrnehmung, Gestaltschließen, Formkonstanz, räumliche Beziehungen, Raum-Lage-Wahrnehmung, Augen-Hand-Koordination und visuomotorische Geschwindigkeit.

Im RZI befinden sich v.a. Aufgaben zur räumlichen Beziehung und zur Raum-Lage-Wahrnehmung (vgl. Eggert/Bertrand 2002).

Das DiSb lehnt sich ebenso wie die vorgenannten an Frostig an und erfasst Form-Konstanz-Wahrnehmung, Raum-Lage-Wahrnehmung, räumliche Beziehungen, Gestaltschließen, Augen-Hand-Koordination sowie Augenmotorik und Farbwahrnehmung (vgl. Reichenbach/Lücking 2008).

Der PTK – LDT zielt darauf ab, die Entwicklung der feinmotorischen Leistung der Hände sowie die Händigkeitsausprägung zu erfassen (vgl. Schilling 2009). Dies ist sinnvoll, um evtl. graphomotorische oder feinmotorische Schwierigkeiten nicht als visuelle Wahrnehmungsbeeinträchtigungen fehl zu deuten.

> Um zu einer fundierten Einschätzung der visuellen Wahrnehmung eines Kindes zu gelangen, sollten also vielfältige Beobachtungen aus Alltags- und speziellen Beobachtungssituationen, Gespräche mit den Kindern/Eltern sowie ggf. fachärztliche Unterstützung herangezogen werden.

46

4. Das Förderkonzept zur visuellen Wahrnehmung

4.1 Grundidee des Konzeptes

Angeregt durch das bekannte Kinderspiel „Ich sehe was, was du nicht siehst" wurde ein Förderkonzept zur visuellen Wahrnehmung entwickelt, das nicht alleine nur das *Sehen* anspricht, sondern darüber hinaus auch das *Hören*, das *Bewegen*, das *Zeigen* und nicht zuletzt das *Spielen*.

Das Spiel mit dem Verstecken und Entdecken von Gegenständen, mit der Aufmerksamkeit, der Neugier und der Fantasie der Kinder bietet sich dabei in besonderem Maße an, um Farben, Formen, Positionen und räumliche Beziehungen sowie Details oder unterschiedliche Blickwinkel zu präsentieren und zu thematisieren. Es soll einen Rahmen bieten, der neue Sichtweisen auf „Mitspieler" ermöglicht, indem diagnostische Elemente einbezogen werden können und der darüber hinaus durch den „Wettbewerb im Visuellen-Aufmerksam-Sein" vielfältige Fördermöglichkeiten bietet.

4.2 Anwendung des Konzeptes

Das Förderkonzept liefert eine Fülle von ansprechendem Material und Aufgabenstellungen. Es versteht sich dabei nicht als feststehendes Programm, sondern möchte explizit Lehrer und Pädagogen auffordern und ermutigen, die Ideen und Anregungen, die in diesem Konzept zur Verfügung gestellt werden, an die eigenen Bedürfnisse sowie die spezifische Situation und die Kompetenzen der Schüler anzupassen.

Es ist gewünscht, die **Aufgaben zu variieren** und damit das Förderkonzept praxisnah und lebendig zu gestalten. So kann und sollte sich der Anwender folgende **Fragen** stellen:
- Möchte ich einen Eindruck der visuellen Wahrnehmung *aller* Schüler erhalten oder möchte ich nur *einen* oder *einige* Schüler unter einer bestimmten Fragestellung näher beobachten?
- Stellt sich während der Durchführung ein Wahrnehmungsbereich als besonders gut oder als problematisch heraus?
- Beobachte ich Entwicklungen, die ich gezielt forcieren oder denen ich entgegentreten möchten?
- Haben meine Schüler an einer bestimmten Aufgabenstellung besonders viel Freude oder stellen sich Anforderungen als eher ermüdend heraus?

All diese und noch weitere Fragestellungen zur Individualisierung sollten im Laufe der Zeit in die Aufgabenstellungen einbezogen werden. Dabei können die Aufgaben jederzeit so variiert werden, dass den Erfordernissen und Präferenzen der Schüler Rechnung getragen wird.

Darüber hinaus sei zudem die Anregung gegeben, dass der Anwender mit seinen Schülern eine **Fragenkartei** anfertigen kann, in der die Schüler selbst, aber auch der Lehrer Fragen- und Aufgabenstellungen zu dem vorliegenden Bildmaterial vermerken können. So können eine intensive, eigenaktive Auseinandersetzung mit visuellen Anforderungen die Motivation und

Anstrengungsbereitschaft aufrecht erhalten, Schreibanlässe geschaffen und das individuelle Förderkonzept immer weiter ausgebaut werden.

Da sich die visuelle Wahrnehmung generell als unzureichend oder gar nicht beobachtbar darstellt – denn wie könnte meine individuelle Raum- oder Farbwahrnehmung von einer anderen Person erfasst werden – wurde im Rahmen dieses Förderkonzepts ein **Feedbacksystem** entwickelt. Es ermöglicht dem Lehrer weitgehend individuelle Rückmeldungen über die Beteiligung und über eventuelle Schwierigkeiten seiner Schüler zu erhalten. Jeder Schüler erhält dazu entweder zwei Tonkartonkarten, die aus vier Farben sowie einer JA – NEIN Beschriftung bestehen oder den Ausdruck der Feedbackkarten von der CD (Datei: Feedbackkarten.pdf).

JA-Karte

Vorderseite *grün* mit „Ja"-Beschriftung

Rückseite *gelb*

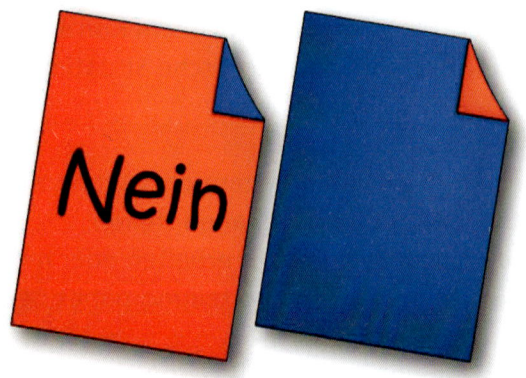

NEIN-Karte

Vorderseite *rot* mit „Nein"-Beschriftung

Rückseite *blau*

Abb. 4: Ja-Nein-Karten für Feedbacksystem

Für die Beantwortung der Aufgaben werden die Schüler oftmals aufgefordert, ihre Lösungen unter Verwendung der Feedbackkarten anzuzeigen. So kann der Lehrer als Beobachtender sehen, in welcher Zeit seine Schüler zu welchen Ergebnissen kommen und gegebenenfalls auch beobachten, ob und wie stark sich Schüler an anderen Schülern orientieren. Dabei sind etwaige Orientierungen an anderen, ein Zögern oder eine falsche Antwort nicht zu überinterpretieren: die Rückmeldungen sollen helfen Hinweise zu bekommen, die der Förderung dienen und bei fundierten Anhaltspunkten dazu anregen, Schülern und ihren Eltern einen Besuch beim Augenarzt oder Optometristen zu empfehlen. Vielfältige Beobachtungen auch in Anforderungs- und Alltagssituationen, die über dieses Förderprogramm hinausgehen, können und sollten die Gestaltung der Fördersituationen ergänzen und erweitern (s. Kap. 3.4).

Die Karten sollen zudem zur Sinnstiftung beitragen, die Schüler zum Mitmachen motivieren und einen Anreiz bieten, sich auf die Aufgabenstellung einzulassen. An dieser Stelle sei auch noch einmal auf die besondere Bedeutung der Rückmeldung von Seiten der Lehrer hingewiesen. Unabhängig vom Ergebnis ist es wünschenswert, die Anstrengungen der Schüler wert zu schätzen und ihren Fehlern offen zu begegnen: Fehler dienen dazu, zu erfahren, wo die Schüler in ihrer Wahrnehmungsorganisation und Konzeptbildung stehen und was ihnen helfen kann, Anforderungen leichter und erfolgreich zu meistern (vgl. Gerster/Schultz 2004).

Es bietet sich ebenfalls an, im Anschluss einiger Aufgaben eine kurze **Reflexion** oder ein Gespräch mit den Schülern über ihre individuellen Erfahrungen und Einschätzungen zu führen. In diesem Zusammenhang können auch die **Beobachtungskriterien** und das **Frageschema** Berücksichtigung finden, die in Kapitel 3.4 vorgestellt wurden.

4.3   Durchführung des Förderkonzeptes

Zweimal am Tag, idealerweise zu Beginn der ersten und dritten Schulstunde wird jeweils eine Aufgabe des Förderkonzeptes durchgeführt. Dazu liegen spezielle Aufgaben vor, die im Zusammenspiel mit dem beiliegenden Bildmaterial unterschiedliche Aspekte der visuellen Wahrnehmung ansprechen.

Um die Förderung der visuellen Wahrnehmung im Schulalltag gezielt und ökonomisch zu gestalten, wurde bei der Entwicklung der Aufgaben darauf Wert gelegt, dass die Fördersequenzen täglich innerhalb eines geringen zeitlichen Rahmens ausgeführt werden können. Jede Übung sollte innerhalb von 1 - 3 Minuten beendet werden können.

Die einzelnen Stufen des Förderkonzeptes wurden sukzessive aufgebaut. Somit steigt die Komplexität von Stufe 1, die mit vier Aufgaben die Fördereinheiten für zwei Unterrichtstage umfasst, bis Stufe 5, die mit 24 Aufgaben Förderanlässe für 12 Unterrichtstage beinhaltet.

Dabei ist darauf zu achten, dass eine einzelne Stufe nicht direkt vor den Ferien endet und eine neue nach den Ferien beginnt. In diesem Fall bietet es sich an, die zuvor bearbeitete Stufe nach den Ferien für mindestens zwei Förderanlässe weiterzuführen, gegebenenfalls mit Variationen, damit die nächste Stufe auf einer gut verarbeiteten Basis aufbaut.

Das Gesamtkonzept bietet mit fünf Stufen Förderangebote für insgesamt ca. 30 Schulwochen.

Der **Ablauf der Förderung** stellt sich folgendermaßen dar:
In den Schulstunden 1 und 3 wird jeweils ein „Suchbild" auf den Overheadprojektor aufgelegt bzw. mit dem Beamer an die Wand projiziert. Eine Einheit des Förderprogramms umfasst nun genau eine mit dem Bild korrespondierende Aufgabe. Die Auswahl bzw. Reihenfolge der Aufgaben entnehmen Sie den folgenden Seiten. Da die Aufgaben unterschiedliche Aspekte der visuellen Wahrnehmung ansprechen, finden Sie neben den Aufgaben Piktogramme, die die jeweiligen Wahrnehmungsbereiche symbolisieren. Sollten Sie die Aufgaben durch eigene Variationen ersetzen (wozu wir Sie an dieser Stelle gerne nochmal ermutigen möchten), achten Sie bitte darauf, dass die Wahrnehmungsbereiche ähnlich stark repräsentiert sind, wie in den vorgegebenen Aufgaben. Sie werden schnell ein Gefühl dafür entwickeln, welcher

Art die Fragestellungen sein sollten, um damit bestimmte Wahrnehmungsbereiche anzusprechen. Die Beantwortung der Fragen erfolgt in der Regel über das Anzeigen einer Farb- bzw. Antwortkarte, durch Flüstern oder auch durch einen Bewegungsablauf wie *Stampfen* oder *Klatschen*. Hierzu liefern die Kinderbücher von Wick/Marzollo (2002, 2004) hilfreiche Anregungen.

Die in Kap. 7.1 beschriebenen Übungen zur Förderung der **Augenbewegungen (Blicksteuerung)** sollten ebenfalls systematisch in die Förderung einbezogen werden. Dazu bietet es sich an, mindesten einmal pro Woche eine Aufgabe aus diesem Bereich durchzuführen. Falls die Schüler bei diesen Übungen Unsicherheiten oder Schwierigkeiten zeigen, können Sie diese Aufgaben auch häufiger einbringen.

4.4 Schwierigkeiten bei der Durchführung des Förderkonzeptes

Sicherlich stellt eine regelmäßige Durchführung des Förderkonzeptes für manche Institutionen eine organisatorische Herausforderung dar. So ist uns bewusst, dass gerade im Hinblick auf Fach- oder Vertretungsunterricht eine kontinuierliche Durchführung nur schwer aufrechtzuerhalten ist. Um jedoch die Regelmäßigkeit zu unterstützen und die Durchführung mit mehreren Anleitenden zu erleichtern, wurde eine „Checkbox" in die Aufgaben integriert (siehe Kap. 4.5). Sie dient dazu, die Aufgabe nach Bearbeitung abzuhaken. So kann auf einen Blick erkannt werden, welche Aufgabe zuletzt bearbeitet wurde und/oder als nächste durchzuführen ist.

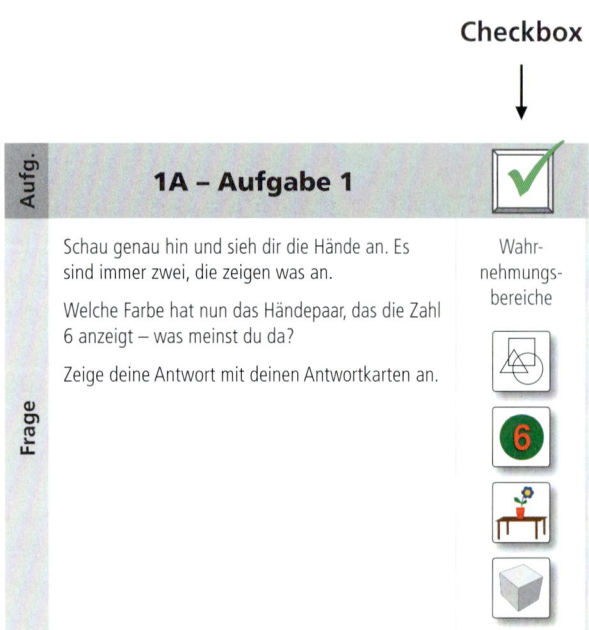

Zudem hat es sich bewährt, die Schüler als Verbündete einzusetzen. So können pro Woche z. B. ein oder zwei Schüler an die Durchführung der Suchaufgabe erinnern.

4.5 Tipps

Da viele Kinder mit der sicheren und automatisierten **Zuordnung der Raumrichtungen** besondere Schwierigkeiten haben, ist es notwendig, den Kindern eine Unterstützung anzubieten, wenn es um die Bestimmung von „rechts" und/oder „links" geht. Ohne Hilfestellung besteht die Gefahr, dass die Zuordnung von *rechts/links* zu einem „Ratespiel" wird, die Unsicherheit der Kinder immer weiter zunimmt und/oder die, für eine automatisierte Zuordnung notwenige Sicherheit behindert wird.

Folgende Hilfestellungen haben sich in der Praxis bewährt:
- Unterstützen Sie während des Vorlesens der Fragestellungen die Zuordnung von *rechts* und *links* immer durch Gesten, also indem Sie z. B. in die jeweilige Richtung zeigen. Stellen Sie sich dazu entweder mit dem Gesicht zum Bild und nehmen so die Position der Kinder ein. Dann können Sie durch eine ausfahrende Geste mit der rechten Hand auch für die Kinder die Richtung „rechts" anzeigen. Falls Sie den Kindern zugewandt stehen, achten Sie darauf, dass Sie spiegelverkehrte Bewegung ausführen und z. B. durch eine ausfahrende Geste mit der linken Hand aus Sicht der Kinder nach „rechts" zeigen.

- Die Kinder können sich folgende „Eselsbrücke" merken, um *rechts/links* zuordnen zu können ohne auf ein Hilfsmittel (wie z. B. eine Armbanduhr an einer bestimmten Hand) angewiesen zu sein:

  - Dazu müssen die Kinder beide Arme nach vorne vor ihrem Körper ausstrecken. Sie knicken die Handflächen nach oben ab (Die Schüler können sich vorstellen, dass sie vor einer Fensterscheibe stehen und ihre Handinnenflächen vor die Scheibe halten, wie beim Fensterputzen). Nun winkeln sie die Daumen seitlich ab. Die Seite, an der Daumen und Zeigefinger ein „L" bilden, ist Links.

  - Befestigen Sie für die Kinder, die oft spiegelverkehrt schreiben, einen **r**oten Punkt rechts neben der Tafel/Projektionswand (für **r**echts) sowie einen **l**ila Punkt links daneben (für **l**inks). Diese Möglichkeit der Orientierungshilfe können Sie den Kindern auch einzeln bieten, z. B. indem Sie rote/lila Punkte auf die Hände malen.

Bei den Aufgaben, in dessen Rahmen die Kinder zum **Austausch mit Partnern** aufgefordert werden, bietet es sich an, im Vorfeld der Aufgabe mit den Schülern zu klären, wer wem sein Ergebnis mitteilt, also wer für wen als Partner fungiert. Falls der Lehrer/Pädagoge bei diesen Aufgaben eine Rückmeldung über korrekte Antworten erhalten möchte, können die Aufgabenstellungen u. a. durch folgende Aspekte erweitert oder modifiziert werden :
- der Partner schreibt die Antwort, die er erhält, auf Papier/an die Tafel etc.
- der Partner nennt die Antwort, die er erhält, laut.
- der Partner kreuzt die Antwort, die er erhält, an der Tafel/auf dem Papier an.

4.6 Aufgabenblatt

Im Folgenden wird der Aufbau des Aufgabenblattes vorgestellt, um das Vorgehen und die Ziele im Hinblick auf die Aufgaben zu veranschaulichen.

Die Aufgaben sind wie folgt aufgebaut:

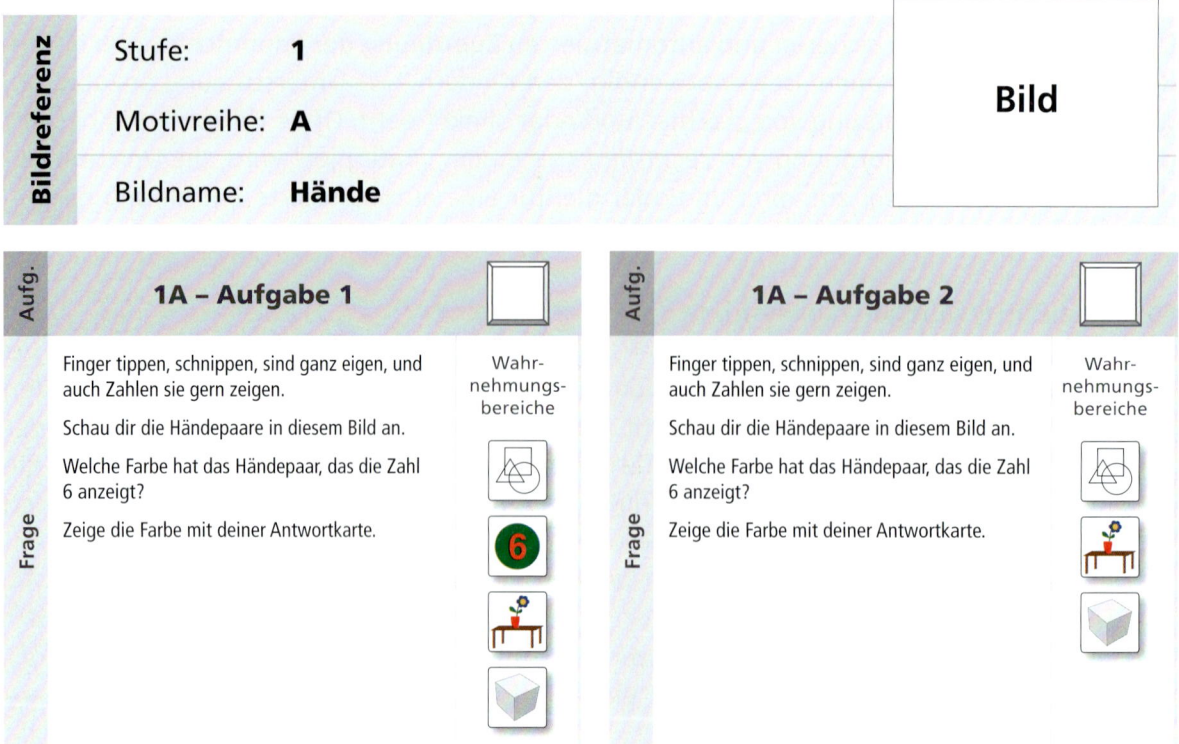

Abb. 5: Aufgabenblatt für „Bildung im Durchblick"

Im oberen Bereich des Aufgabenblattes ist jeweils die Referenz des Bildes angegeben (**Bildreferenz**). Im Weiteren folgen dann die Aufgabenstellungen, die in ihrer Anzahl je nach Stufe variieren (s. Kap. 7.2).

Im Bereich der **Bildreferenz** ist auf der rechten Seite immer zur Orientierung das **Bild** im Kleinformat zu sehen, das für die Bearbeitung der nachfolgenden Aufgabenstellungen den Kindern entweder im Buch oder mittels OHP/Beamer gezeigt wird (s. Kap. 6 oder CD: Ordner: Bildmaterial).

Jede Aufgabe ist einer **Stufe** zugeordnet. Die Stufen von 1 bis 5 bauen in ihrer Komplexität sukzessive aufeinander auf.

Jeweils ein Bild jeder Stufe gehört zu einer von fünf **Motivreihe**n, die wie folgt zugeordnet sind:

A = Schwarzlicht
B = Tafelbilder
C = Durchblick
D = Aufgereiht
E = Gerastert

Sie dienen ebenfalls der Orientierung und bieten den Kindern durch wiederkehrende Elemente die Möglichkeit, sich mit den Bildern vertraut zu machen.

Die **Bildname**n verhelfen dazu, sich leichter zurechtzufinden und die Bilder schneller zuzuordnen.

In der Angabe der Aufgabenstellungen (**Aufg.**), die grau unterlegt ist, finden sich Informationen über die Stufe und die Motivreihe. Die Angaben sind folgendermaßen aufgebaut:

1A – Aufgabe

1**A** – Aufgabe 1   **Angabe der Stufe (Stufe 1)**
1**A** – Aufgabe 1   **Angabe der Motivreihe (A=Schwarzlicht)**
1A – **Aufgabe 1**   **Angabe der Aufgabe**

Das Kästchen rechts neben der Aufgabenangabe, ebenfalls im grau unterlegten Bereich, dient als **Checkbox**. Sie kann nach Durchführung der Aufgabe durch den Anwender abgehakt werden und somit zur Orientierung beitragen.

Darunter ist die **Frage**stellung zu sehen, die im Rahmen der Aufgabendurchführung vom Pädagogen vorzulesen ist. Sie wird häufig mit einem kleinen Reim eingeleitet, der die Aufmerksamkeit und Motivation der Kinder wecken soll, auf den je nach Zielgruppe jedoch auch verzichtet werden kann. Dem Reim folgt die eigentliche Fragestellung, die langsam und deutlich vorgelesen werden soll. Es ist wichtig, dass die Kinder genügend Zeit und Ruhe haben, sich auf die visuellen Aufgaben einzustellen und sich auf dem Bild zu orientieren.
Zu den Fragestellungen wurde bereits erwähnt, dass jeder Anwender seiner Schülerschaft entsprechend die Fragestellungen verändern oder auch eigene Fragestellungen entwickeln kann.

Teilweise folgen den Fragestellungen spezielle, die Aufgaben betreffende **Hinweis**e. Diese Hinweise wurden für den Anwender geschrieben und verstehen sich als unterstützende Handlungsoptionen oder bieten alternative Fragestellungen an. Sie sind zur leichteren Übersicht kursiv geschrieben.

Rechts neben den Fragestellungen/Hinweisen sind die visuellen **Wahrnehmungsbereiche** aufgeführt, die durch die Aufgabe besonders angesprochen werden. Damit der Pädagoge sich schnell einen Überblick über die angesprochenen Wahrnehmungsbereiche verschaffen kann, sind diese in Form von Piktogrammen dargestellt.

 Farbwahrnehmung

 Figur-Grund-Wahrnehmung

 Gestaltschließen

 Wahrnehmungskonstanz

 Wahrnehmung räumlicher Beziehungen

 Raum-Lage-Wahrnehmung

 Visuelles Gedächtnis

Am Ende jedes Aufgabenblattes befinden sich im Anschluss an die Aufgabenstellungen jeweils zwei dazugehörige Aufgabenvariationen (**Variation 1** und **Variation 2**).

5. Bild- und Aufgabenmaterial

Für das vorliegende Förderkonzept wurden spezielle **Bilder** entwickelt. Sie eignen sich zum einen hervorragend dazu, die Bereiche der visuellen Wahrnehmung anzusprechen und zu fördern, da sie z. B. zum Gestaltschließen oder zur Herstellung räumlicher Beziehungen auffordern. Zum anderen bestand das Anliegen, mit den Bildern die Neugier und Fantasie der Kinder anzuregen, um so ihr Interesse, ihre Aufmerksamkeit und Motivation für visuelle Reize zu wecken.

Im Rahmen dieses 5-stufigen Förderkonzepts entstanden so Bilder zu insgesamt fünf **Motivreihen**. Die Motivreihen heißen:

A   Schwarzlicht
B   Tafelbilder
C   Durchblick
D   Aufgereiht
E   Gerastert

Zu den Motivreihen wurde jeweils ein Bild zu jeder Stufe entwickelt, so dass zu jeder Motivreihe fünf Bilder vorliegen.

Die nachfolgende Tabelle bietet eine Übersicht der Motivreihen mit den dazugehörigen Bildern.

Motivreihe	Stufe 1	Stufe 2	Stufe 3	Stufe 4	Stufe 5
A Schwarzlicht	Hände	Steine	Buchstaben- und Zahlendreher	Vier-Gewinnt	Allerlei
B Tafelbilder	Tierpyramide	Vokale	Handabdrücke	Unterschiede	Tafeldienst
C Durchblick	Mikroskop	Teleskop	Lupe 1+2	Fernglas	Schlüsselloch
D Aufgereiht	Wäscheleine	Kette	Kugelbahn	Baum	Tierspirale
E Gerastert	Boot	Apfel	Haus	Setzkasten	Stadt

Die Bilder werden im vorliegenden Buch zur Ansicht abgedruckt. Sie eignen sich sowohl für eine Einzel- als auch Gruppenarbeit.

Zu den 25 Bildern wurden insgesamt 300 **Aufgabenstellungen** entwickelt, die darauf abzielen, die visuelle Wahrnehmung von Kindern zu unterstützen. Werden zwei Aufgaben pro Schultag durchgeführt, sind die gesamten Aufgabenstellungen für ca. 30 Schulwochen ausreichend.

Stufen	Aufgaben pro Bild	Aufgaben insgesamt	Aufgaben für Schulwochen
Stufe 1	4	20	2
Stufe 2	8	40	4
Stufe 3	12	60	6
Stufe 4	12	60	6
Stufe 5	24	120	12

Werden die Aufgabenvariationen zusätzlich mit einbezogen, so sind noch 50 weitere Aufgaben vorhanden, was wiederum für fünf Schulwochen genügt.

6. Bilder

6.1 Bilder Stufe 1

Bildreferenz

Stufe	Motivreihe	Bildname
1	B – Tafelbilder	„Tierpyramide"

Bildreferenz

Bildname

„Mikroskop"

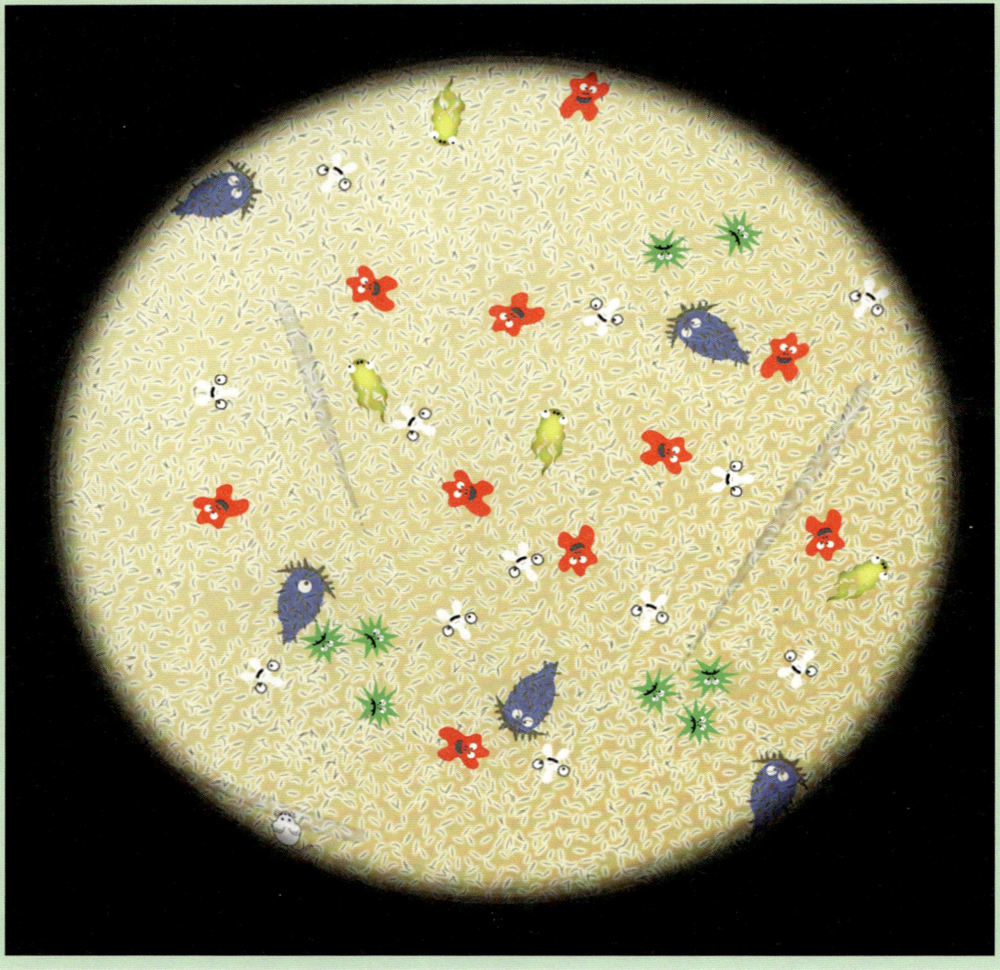

Motivreihe

C – Durchblick

Stufe

1

Bilder

Bildreferenz

Motivreihe | Bildname
D – Aufgereiht | „Wäscheleine"

Stufe
1

© 2011 BORGMANN MEDIA • B 9420 Beigel et al. • Alle Rechte vorbehalten!

6.2 Bilder Stufe 2

Bildreferenz	
Bildname	"Steine"
Motivreihe	A – Schwarzlicht
Stufe	2

Bildreferenz		
Stufe	Motivreihe	Bildname
2	B – Tafelbilder	„Vokale"

Bildreferenz		
Stufe	Motivreihe	Bildname
2	**C – Durchblick**	**„Teleskop"**

Bilder — 65

Bildreferenz		
	Bildname	"Kette"
	Motivreihe	D - Aufgereiht
Stufe	2	

Bildreferenz

Motivreihe: **E - Gerastert**

Bildname: **„Apfel"**

Stufe: **2**

© 2011 BORGMANN MEDIA • B 9420 Beigel et al. • Alle Rechte vorbehalten!

6.3 Bilder Stufe 3

Bildreferenz

Bildname: **„Buchstaben- und Zahlendreher"**

Motivreihe: A - Schwarzlicht

Stufe: 3

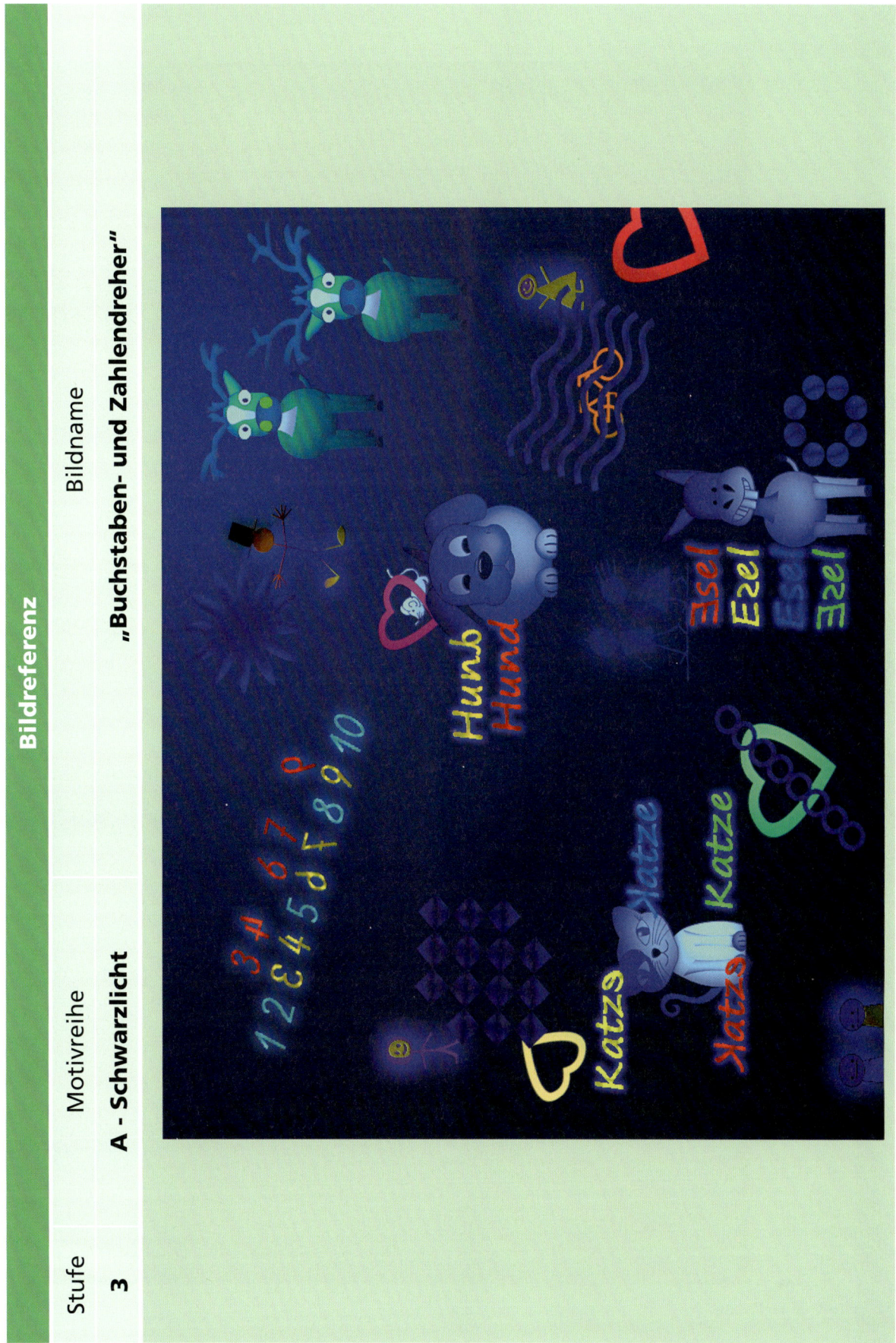

Bilder

Bildreferenz	
Motivreihe	Bildname
B - Tafelbilder	**„Handabdrücke"**
Stufe	
3	

Bildreferenz

Stufe	Motivreihe	Bildname
3	C - Durchblick	„Lupe 1"

Bilder

Bildreferenz

Stufe | Motivreihe | Bildname
3 | C - Durchblick | „Lupe 2"

© 2011 BORGMANN MEDIA • B 9420 Beigel et al. • Alle Rechte vorbehalten!

Bildreferenz

Stufe: 3

Motivreihe: D - Aufgereiht

Bildname: „Kugelbahn"

Bilder

Bildreferenz	
Motivreihe	Bildname
E - Gerastert	„Haus"
Stufe	
3	

© 2011 BORGMANN MEDIA • B 9420 Beigel et al. • Alle Rechte vorbehalten!

6.4 Bilder Stufe 4

Bildreferenz

Stufe	Motivreihe	Bildname
4	A - Schwarzlicht	„Vier-Gewinnt"

Bilder

Bildreferenz

Bildname

"Unterschiede"

Stufe	Motivreihe
4	B - Tafelbilder

Bilder — 75

Bildreferenz

Stufe: 4
Motivreihe: C - Durchblick
Bildname: „Fernglas"

© 2011 BORGMANN MEDIA • B 9420 Beigel et al. • Alle Rechte vorbehalten!

Bilder

Bildreferenz

Stufe	Motivreihe	Bildname
4	D - Aufgereiht	„Baum"

© 2011 BORGMANN MEDIA • B 9420 Beigel et al. • Alle Rechte vorbehalten!

Bilder

Bildreferenz

Stufe	Motivreihe	Bildname
4	E – Gerastert	"Setzkasten"

6.5 Bilder Stufe 5

Bildreferenz		
Stufe	Motivreihe	Bildname
5	A - Schwarzlicht	„Allerlei"

Bilder 79

Bildreferenz		
Stufe	Motivreihe	Bildname
5	B - Tafelbilder	„Tafeldienst"

© 2011 BORGMANN MEDIA • B 9420 Beigel et al. • Alle Rechte vorbehalten!

Bilder

Bildreferenz

Motivreihe: **C - Durchblick**

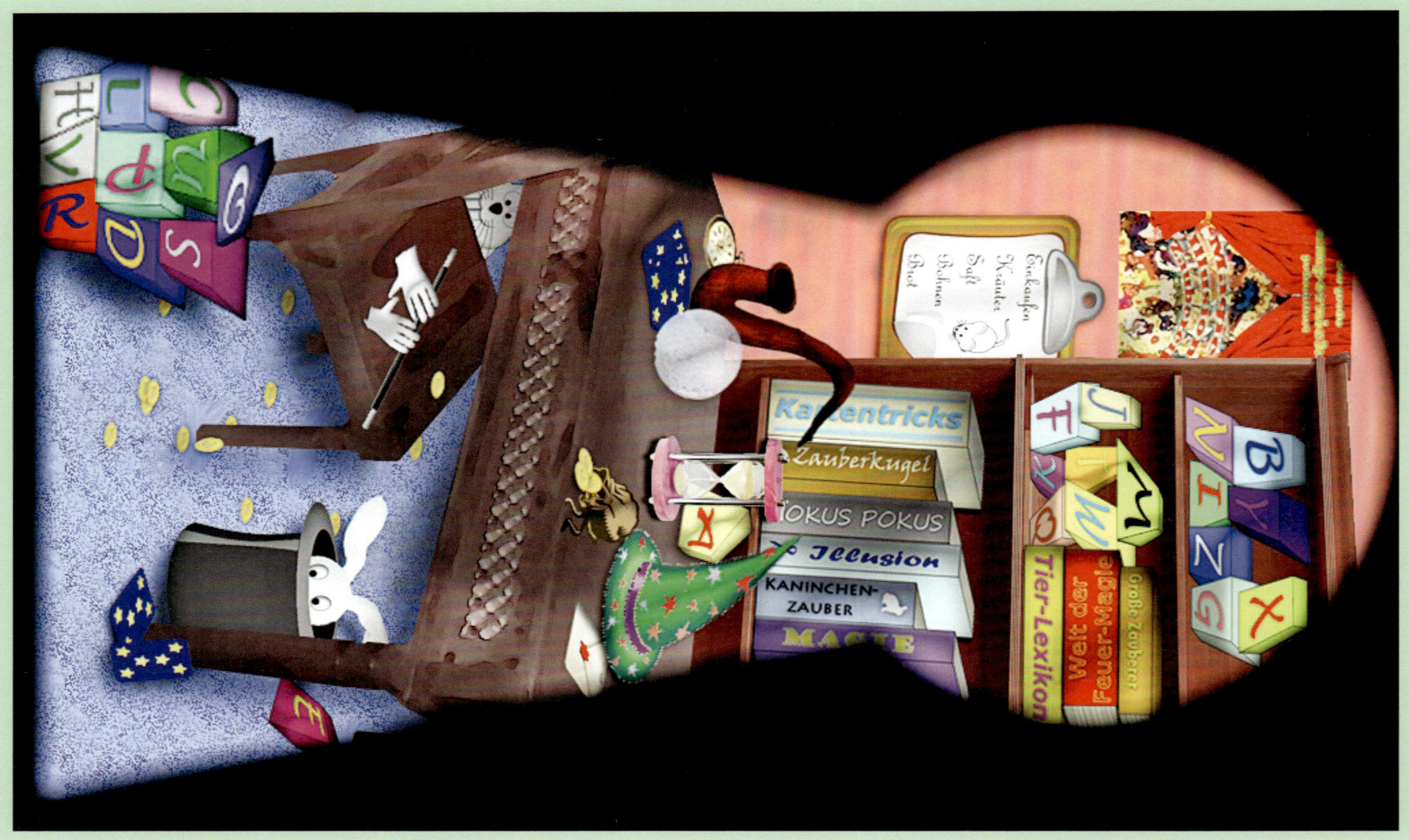

Bildname: **„Schlüsselloch"**

Stufe: **5**

Bilder — 81

Bildreferenz

Stufe | **Motivreihe** | **Bildname**
5 | **D - Aufgereiht** | „Tierspirale"

© 2011 BORGMANN MEDIA • B 9420 Beigel et al. • Alle Rechte vorbehalten!

Bildreferenz		
Stufe	Motivreihe	Bildname
5	E - Gerastert	„Stadt"

7. Praxisteil: Aufgaben des Förderkonzeptes

Nach all der Theorie kommen wir in diesem Kapitel zu den praktischen Aufgaben, die Sie mit den Kindern, beispielsweise im Rahmen des Schulunterrichts, durchführen können. Die Aufgaben sind in zwei Bereiche unterteilt. Im ersten Bereich werden Aufgaben zu Augenfolgebewegungen (Blicksteuerung) aufgeführt, im zweiten Bereich finden sich Aufgaben zur Wahrnehmungsverarbeitung, die anhand von Bildern bearbeitet werden (s. Kap. 6). Letztere sind mit zunehmender Komplexität von Stufe 1 bis Stufe 5 gegliedert.

7.1 Aufgaben zu Augenbewegungen (Blicksteuerung)

Die Aufgaben zu den Augenbewegungen sollen ebenso systematisch in die Förderung einbezogen werden, wie die der anderen Wahrnehmungsbereiche. Dazu bietet es sich an, mindestens ein- bis zweimal pro Woche eine Aufgabe zur Blicksteuerung durchzuführen.

Für die Durchführung der Aufgaben werden keine Materialien benötigt, auch nicht die im Rahmen des Förderkonzepts entwickelten Bilder. Achten Sie bei der Durchführung der Aufgaben auf folgende Aspekte:

- Die auszuführenden Bewegungen sollten **langsam** erfolgen, da bei diesen Übungen die Qualität der Bewegung zählt.
- Bei diesen Übungen gilt das Prinzip der **Wiederholung**. Im Gegensatz zu den Aufgabenstellungen zur Wahrnehmungsverarbeitung (Kap. 7.2) sollten diese Aufgaben mehrfach wiederholt werden, da sie den Kindern helfen, mit den Aufgaben vertraut zu werden und die Bewegungsabläufe zu präzisieren.

Die Aufgabenstellungen zu den Augenbewegungen fördern sowohl das monokulare (Sehen mit einem Auge) wie auch das binokulare Sehen (Sehen mit zwei Augen).
Sie sollten die Kinder dazu auffordern, die Aufgaben entweder mit beiden Augen auszuführen oder jeweils nur ein Auge zu benutzen und das andere zu schließen.
Die Entscheidung, mit welchem Auge begonnen wird, sollte das Kind selbst treffen dürfen. Wichtig ist, dass im Anschluss immer ein Wechsel des geöffneten Auges erfolgt, damit alle Aufgaben immer mit beiden Augen ausgeführt werden.

Aufgaben zu Augenbewegungen (Blicksteuerung)

Aufgabe 1: „Links und Rechts"

Sozialform	Allein
Ausgangsposition	• Füße leicht auseinander; Kopf gerade • Mit beiden Augen oder nacheinander mit jeweils einem Auge durchführbar
Aufgabenstellung	Schaue nun mit deinen Augen langsam ganz weit nach rechts (oder zur Tür etc.), ohne den Kopf zu bewegen, dann langsam ganz weit nach links (oder zum Fenster etc.), ebenfalls ohne den Kopf zu bewegen. Wiederhole diese Übung noch einmal.

Aufgabe 2	**„Daumen verfolgen"**	
Aufgaben zu Augenbewegungen (Blicksteuerung)	Sozialform	Allein
	Ausgangsposition	• Füße leicht auseinander; Kopf gerade • Mit beiden Augen oder nacheinander mit jeweils einem Auge durchführbar
	Aufgabenstellung	Verfolge mit deinen Augen den Daumen einer Hand. Halte den Daumen dazu in Augenhöhe und mache die Bewegung einer liegenden Acht. Bewege deinen Kopf dabei nicht.

Aufgabe 3	**„Stift verfolgen"**	
Aufgaben zu Augenbewegungen (Blicksteuerung)	Sozialform	Allein
	Ausgangsposition	• Füße leicht auseinander; Kopf gerade • Mit beiden Augen oder nacheinander mit jeweils einem Auge durchführbar • Material: ein Stift
	Aufgabenstellung	Verfolge mit den Augen einen bunten Stift (oder auch andere Gegenstände), den du mit einer Hand führst. Bewege deinen Kopf dabei nicht. Bewege den Gegenstand langsam: ▪ in Form einer liegenden Acht ▪ hin und her (von rechts nach links und zurück) ▪ hoch und runter (von oben nach unten und zurück) ▪ in Wellenlinien hin und her ▪ in Zickzacklinien hin und her ▪ sprunghaft hin und her ▪ in Form des „Haus vom Nikolaus" ▪ …

Aufgabe 4	**„Jetzt!"**	

Aufgaben zu Augenbewegungen (Blicksteuerung)

Sozialform	Partnerarbeit
Ausgangsposition	• Erstes Kind: Füße leicht auseinander; Kopf gerade • Zweites Kind: Führt den Stift oder anderes Material • Mit beiden Augen oder nacheinander mit jeweils einem Auge durchführbar • Material: ein Stift
Aufgabenstellung	Erstes Kind: Verfolge mit den Augen den Stift. Halte den Kopf dabei ganz still. Achte darauf, ab wann du den Stift nicht mehr sehen kannst. Sage dann „Jetzt". Zweites Kind: Bewege den Stift langsam<ul><li>hin und her (im Bereich des Gesichtsfeldes und darüber hinaus)</li><li>hoch und runter (im Bereich des Gesichtsfeldes und darüber hinaus)</li></ul>Die Kinder entscheiden selber, mit welcher Rolle sie beginnen möchten. Anschließend erfolgt ein Wechsel der Rollen.

Aufgabe 5

„Entspannung für die Augen"

Aufgaben zu Augenbewegungen (Blicksteuerung)

Sozialform	Allein
Ausgangsposition	Die Schüler schließen die Augen.
	Anm.: Die Schüler werden feststellen, dass die Lider nicht absolut lichtundurchlässig sind. Um den Grad der Erholung zu maximieren, werden die Augen daher noch durch die Handballen verdeckt.
Aufgabenstellung	• Schließe die Augen und achte darauf, ob die Augenlider vollkommen lichtundurchlässig sind. • Kreuze nun deine Handflächen und lege die rechte Handinnenfläche auf das linke (fest geschlossene) Auge und die linke Handinnenfläche auf das rechte Auge. So befinden sich jeweils die Handballen auf den Augen. • Halte die Hände so für einige Zeit und konzentriere dich dabei auf den schwärzesten Punkt. • Nun öffne die Augen wieder. Du brauchst eine kurze Zeit, um wieder scharf sehen zu können.

7.2 Aufgaben zu den Bildern Stufe 1 bis 5

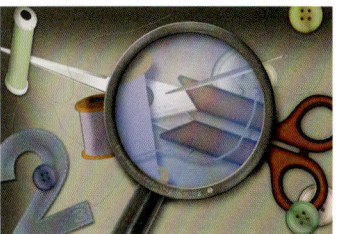

Aufgaben zu den Bildern Stufe 1 bis 5 — 91

Bildreferenz

Stufe: **1**

Motivreihe: **A**

Bildname: **„Hände"**

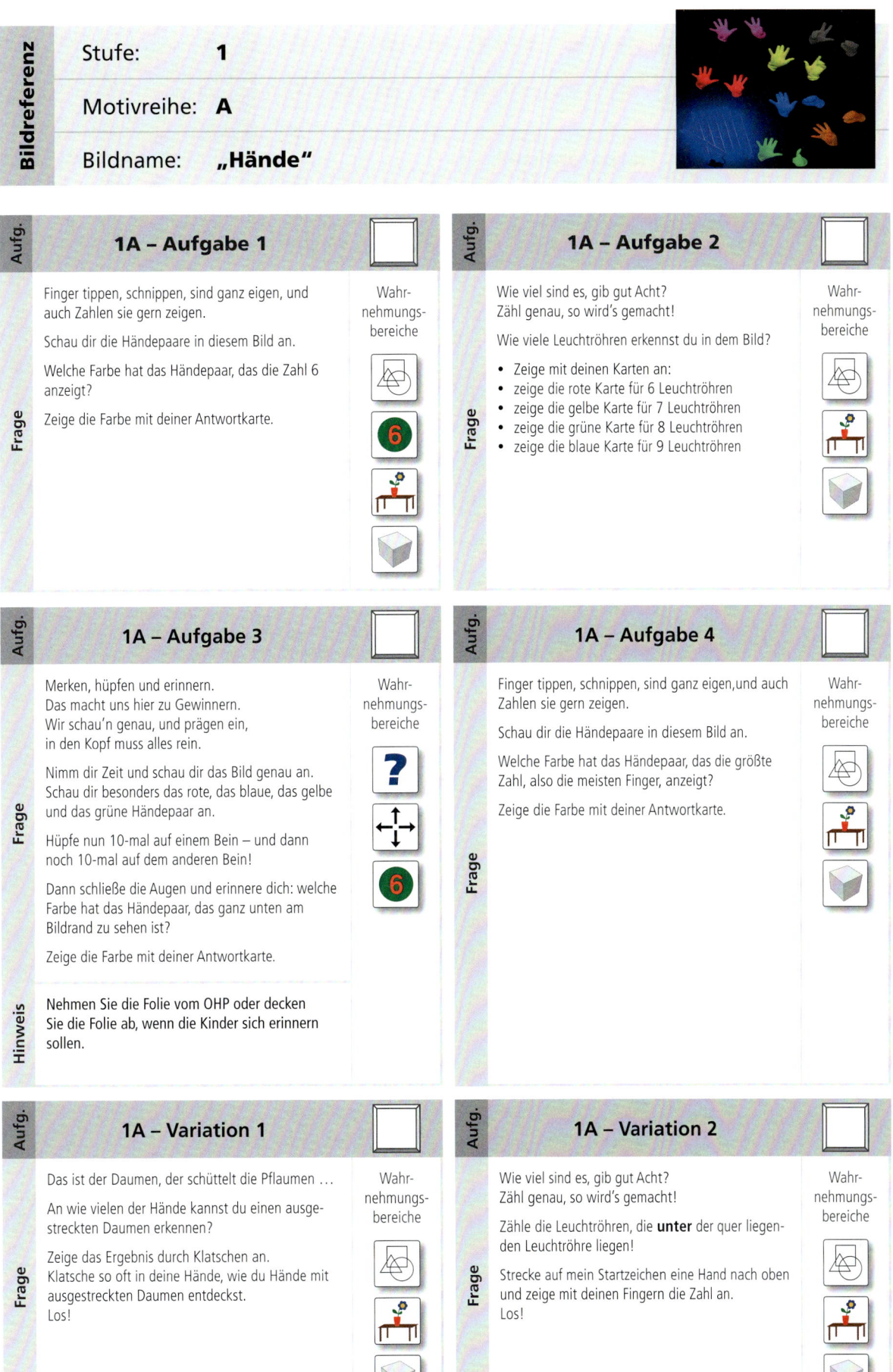

Aufg. 1A – Aufgabe 1

Frage

Finger tippen, schnippen, sind ganz eigen, und auch Zahlen sie gern zeigen.

Schau dir die Händepaare in diesem Bild an.

Welche Farbe hat das Händepaar, das die Zahl 6 anzeigt?

Zeige die Farbe mit deiner Antwortkarte.

Wahrnehmungsbereiche

Aufg. 1A – Aufgabe 2

Frage

Wie viel sind es, gib gut Acht?
Zähl genau, so wird's gemacht!

Wie viele Leuchtröhren erkennst du in dem Bild?

- Zeige mit deinen Karten an:
- zeige die rote Karte für 6 Leuchtröhren
- zeige die gelbe Karte für 7 Leuchtröhren
- zeige die grüne Karte für 8 Leuchtröhren
- zeige die blaue Karte für 9 Leuchtröhren

Wahrnehmungsbereiche

Aufg. 1A – Aufgabe 3

Frage

Merken, hüpfen und erinnern.
Das macht uns hier zu Gewinnern.
Wir schau'n genau, und prägen ein,
in den Kopf muss alles rein.

Nimm dir Zeit und schau dir das Bild genau an. Schau dir besonders das rote, das blaue, das gelbe und das grüne Händepaar an.

Hüpfe nun 10-mal auf einem Bein – und dann noch 10-mal auf dem anderen Bein!

Dann schließe die Augen und erinnere dich: welche Farbe hat das Händepaar, das ganz unten am Bildrand zu sehen ist?

Zeige die Farbe mit deiner Antwortkarte.

Wahrnehmungsbereiche

Hinweis Nehmen Sie die Folie vom OHP oder decken Sie die Folie ab, wenn die Kinder sich erinnern sollen.

Aufg. 1A – Aufgabe 4

Frage

Finger tippen, schnippen, sind ganz eigen, und auch Zahlen sie gern zeigen.

Schau dir die Händepaare in diesem Bild an.

Welche Farbe hat das Händepaar, das die größte Zahl, also die meisten Finger, anzeigt?

Zeige die Farbe mit deiner Antwortkarte.

Wahrnehmungsbereiche

Aufg. 1A – Variation 1

Frage

Das ist der Daumen, der schüttelt die Pflaumen …

An wie vielen der Hände kannst du einen ausgestreckten Daumen erkennen?

Zeige das Ergebnis durch Klatschen an.
Klatsche so oft in deine Hände, wie du Hände mit ausgestreckten Daumen entdeckst.
Los!

Wahrnehmungsbereiche

Aufg. 1A – Variation 2

Frage

Wie viel sind es, gib gut Acht?
Zähl genau, so wird's gemacht!

Zähle die Leuchtröhren, die **unter** der quer liegenden Leuchtröhre liegen!

Strecke auf mein Startzeichen eine Hand nach oben und zeige mit deinen Fingern die Zahl an.
Los!

Wahrnehmungsbereiche

Aufgaben zu den Bildern Stufe 1 bis 5

Bildreferenz

Stufe: 1

Motivreihe: B

Bildname: „Tierpyramide"

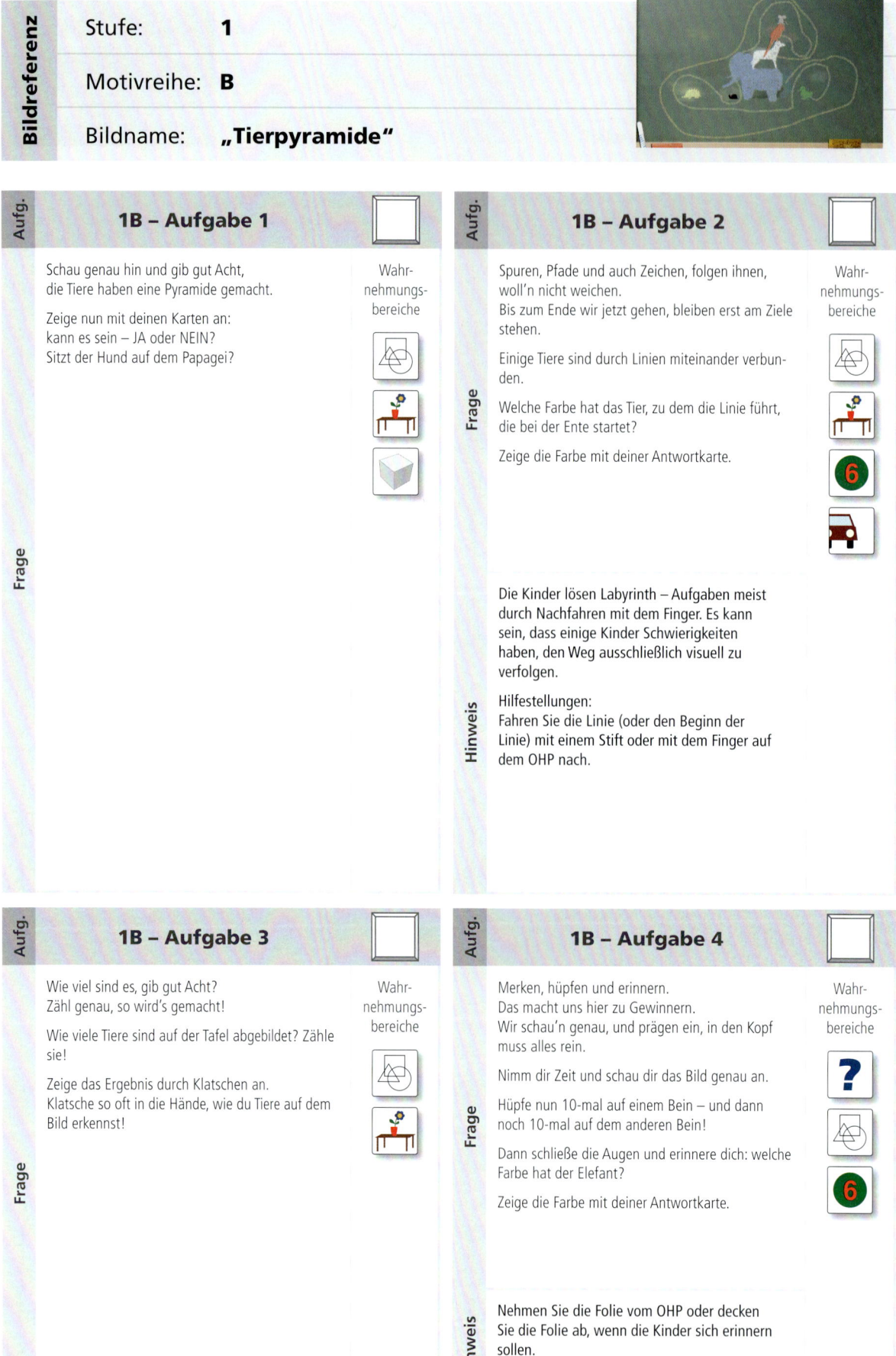

1B – Aufgabe 1

Schau genau hin und gib gut Acht, die Tiere haben eine Pyramide gemacht.

Zeige nun mit deinen Karten an: kann es sein – JA oder NEIN? Sitzt der Hund auf dem Papagei?

Wahrnehmungsbereiche

1B – Aufgabe 2

Spuren, Pfade und auch Zeichen, folgen ihnen, woll'n nicht weichen.
Bis zum Ende wir jetzt gehen, bleiben erst am Ziele stehen.

Einige Tiere sind durch Linien miteinander verbunden.

Welche Farbe hat das Tier, zu dem die Linie führt, die bei der Ente startet?

Zeige die Farbe mit deiner Antwortkarte.

Wahrnehmungsbereiche

Hinweis:
Die Kinder lösen Labyrinth – Aufgaben meist durch Nachfahren mit dem Finger. Es kann sein, dass einige Kinder Schwierigkeiten haben, den Weg ausschließlich visuell zu verfolgen.

Hilfestellungen:
Fahren Sie die Linie (oder den Beginn der Linie) mit einem Stift oder mit dem Finger auf dem OHP nach.

1B – Aufgabe 3

Wie viel sind es, gib gut Acht?
Zähl genau, so wird's gemacht!

Wie viele Tiere sind auf der Tafel abgebildet? Zähle sie!

Zeige das Ergebnis durch Klatschen an.
Klatsche so oft in die Hände, wie du Tiere auf dem Bild erkennst!

Wahrnehmungsbereiche

1B – Aufgabe 4

Merken, hüpfen und erinnern.
Das macht uns hier zu Gewinnern.
Wir schau'n genau, und prägen ein, in den Kopf muss alles rein.

Nimm dir Zeit und schau dir das Bild genau an.

Hüpfe nun 10-mal auf einem Bein – und dann noch 10-mal auf dem anderen Bein!

Dann schließe die Augen und erinnere dich: welche Farbe hat der Elefant?

Zeige die Farbe mit deiner Antwortkarte.

Wahrnehmungsbereiche

Hinweis:
Nehmen Sie die Folie vom OHP oder decken Sie die Folie ab, wenn die Kinder sich erinnern sollen.

Aufgaben zu den Bildern Stufe 1 bis 5   93

1B – Variation 1

Wer ist ganz groß, und wer ganz klein?
Schau genau, wer kann das sein?

Ich behaupte, das Tier, das ganz oben in der Pyramide sitzt, ist das kleinste Tier, das auf die Tafel gemalt wurde!

Zeige mit deinen Antwortkarten:
Kann das sein?
JA oder NEIN?

Wahrnehmungsbereiche

1B – Variation 2

Rot, grün, gelb oder blau,
schwarz, weiß oder grau,
wir wollen es wissen, schau'n genau.

Welche Farbe hat das Tier, das hinter dem Elefanten her läuft?

Zeige die Farbe mit deiner Antwortkarte.

Wahrnehmungsbereiche

94 — Aufgaben zu den Bildern Stufe 1 bis 5

Bildreferenz

Stufe: 1

Motivreihe: C

Bildname: „Mikroskop"

1C – Aufgabe 1

Frage:

Gottlob gibt's das Mikroskop.
Soviel Dinge wir dort sehn, schau'n genau, und wolln verstehn.

Wie viele rote Tierchen erkennst du auf dem Bild?

Stampfe auf mein Startzeichen hin so oft mit dem Fuß auf, wie du rote Tierchen gezählt hast.

Los!

Wahrnehmungsbereiche: 6

Hinweis:

Hier sind rote und grüne Tierchen abgebildet. Kinder mit einer Rot-Grün-Sehschwäche werden ggf. eine höhere Anzahl an roten Tierchen nennen. Bitten Sie die Kinder u. U. die roten Tierchen auf dem Bild zu zeigen.

1C – Aufgabe 2

Frage:

Merken, hüpfen und erinnern.
Das macht uns hier zu Gewinnern.
Wir schau'n genau, und prägen ein, in den Kopf muss alles rein.

Nimm dir Zeit und schau dir das Bild genau an. Achte besonders auf die roten, gelben, grünen und blauen Tierchen.

Hüpfe nun 10-mal auf einem Bein – und dann noch 10-mal auf dem anderen Bein!

Dann schließe die Augen und erinnere dich: welche Farbe haben die größten Tierchen?

Zeige die Farbe mit deiner Antwortkarte.

Wahrnehmungsbereiche: 6, ?, 🪴

Hinweis:

Nehmen Sie die Folie vom OHP oder decken Sie die Folie ab, wenn die Kinder sich erinnern sollen.

1C – Aufgabe 3

Frage:

Auf dem Bild hat sich ein Tier versteckt. Hast du es schon entdeckt?
Es ist kein Hund und keine Laus,
es ist kein Pferd, vielleicht 'ne Maus?

Schau genau hin und siehe dir das Bild gut an. Stimmt es: JA oder NEIN?
Es ist eine kleine weiße Maus zu sehen – kann das wohl sein?

Wahrnehmungsbereiche: 6

1C – Aufgabe 4

Frage:

Wenn wir sie mit Linien verbinden, ich seh's genau, werden wir einen Buchstaben finden.

Schau genau hin und sieh dir die blauen Tierchen an. Wenn du sie miteinander durch eine Linie verbinden würdest, entstünde dadurch ein Großbuchstabe.

Verbinde die blauen Tierchen von links unten nach links oben und dann von links oben nach rechts unten und von rechts unten nach rechts oben.

Hast du einen Buchstaben gefunden? Flüstere deinem Sitznachbarn ins Ohr, welchen Buchstaben du gefunden hast.

Wahrnehmungsbereiche: 6, 🪴

Hinweis:

Falls die Kinder die Raumrichtungen nicht sicher zuordnen können, zeigen Sie zusätzlich nach links bzw. rechts, wenn Sie die Aufgabe vorlesen.

Die Kinder können zunächst versuchen, den Buchstaben allein zu finden, d. h. ohne Raumrichtungsvorgaben

1C – Variation 1

Frage

Wie viel sind es, gib gut Acht?
Zähl genau, so wird's gemacht!

Schau genau hin und sieh dir die gelben und die blauen Tierchen gut an.

Stimmt es: JA oder NEIN?
Von den gelben Tierchen gibt es mehr als von den blauen – kann das wohl sein?

Wahrnehmungsbereiche

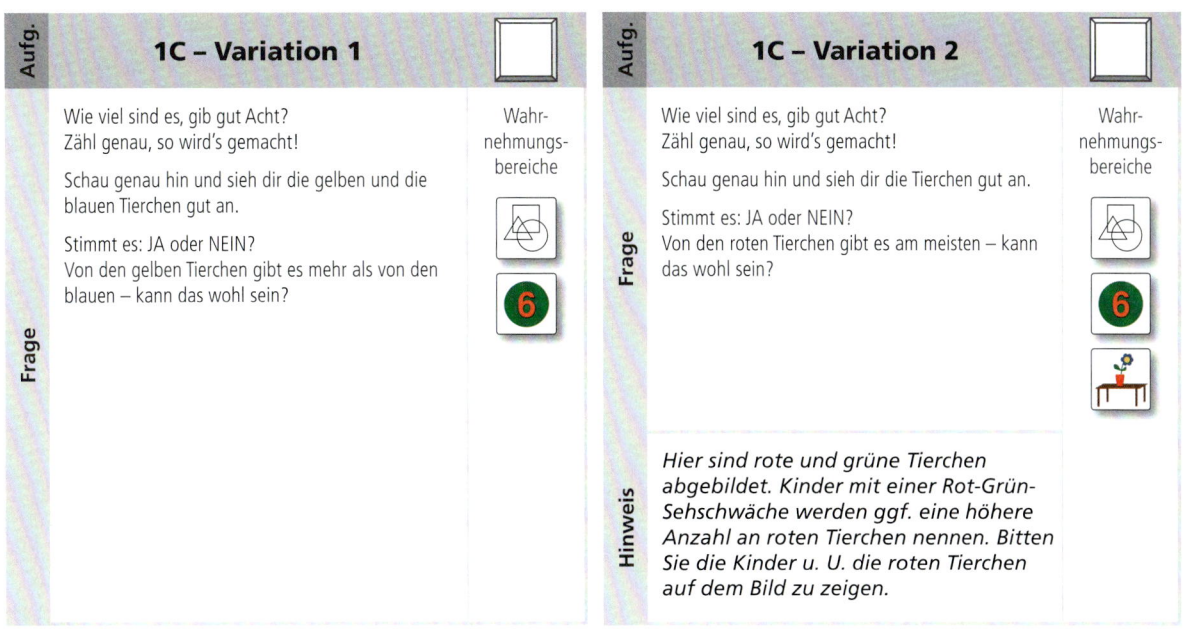

1C – Variation 2

Frage

Wie viel sind es, gib gut Acht?
Zähl genau, so wird's gemacht!

Schau genau hin und sieh dir die Tierchen gut an.

Stimmt es: JA oder NEIN?
Von den roten Tierchen gibt es am meisten – kann das wohl sein?

Wahrnehmungsbereiche

Hinweis

Hier sind rote und grüne Tierchen abgebildet. Kinder mit einer Rot-Grün-Sehschwäche werden ggf. eine höhere Anzahl an roten Tierchen nennen. Bitten Sie die Kinder u. U. die roten Tierchen auf dem Bild zu zeigen.

Bildreferenz

Stufe: 1

Motivreihe: D

Bildname: „Wäscheleine"

1D – Aufgabe 1

Frage:
Auf dem Bild hat sich ein Tier versteckt.
Hast du es schon entdeckt?
Es ist kein Hund und keine Laus, es ist kein Pferd, vielleicht 'ne Maus?

Schau genau hin und siehe dir das Bild gut an.
Stimmt es: JA oder NEIN?
Es ist eine kleine weiße Maus zu sehen – kann das wohl sein.
Aber diese, die ich meine, balanciert nicht über die Leine.

Wahrnehmungsbereiche

1D – Aufgabe 2

Frage:
Wie viel sind es, gib gut Acht?
Zähl genau, so wird's gemacht!

Wie viele rote Blumen kannst du in diesem Bild erkennen?

Klatsche auf mein Startzeichen hin so oft in die Hände, wie du rote Blumen hier entdeckst.
Los!

Wahrnehmungsbereiche

1D – Aufgabe 3

Frage:
Schau genau hin und sieh dir die Buchstaben auf diesem Bild genau an. Erstelle aus den Buchstaben ein Wort sodann!

Ziehe sie dazu von links nach rechts zusammen. Welches Wort kommt so heraus? Sage es nun laut und frei hinaus!

Hinweis:
Falls die Kinder noch nicht lesen können, stellen Sie eine alternative Frage.

Variation:
Schreiben Sie das „L" an die Tafel und stellen folgende Frage.

Ich behaupte, auf dem Bild hat sich der Buchstabe „L" zweimal versteckt. Kann das wohl sein? JA oder NEIN?

Wahrnehmungsbereiche

1D – Aufgabe 4

Frage:
Eins, Zwei, Drei, Vier,
sind alle Zahlen hier?
Acht, Neun, Zehn,
kannst du sie alle sehn?

Ich lese nun einige Zahlen vor. Zeige nach jeder Zahl, die ich nenne, mit deinen Karten an: entweder JA, die Zahl ist in dem Bild zu sehen, oder NEIN, die Zahl ist nicht in diesem Bild zu finden.

- 8
- 3
- 7
- 6
- 2
- 4
- 5
- 1

Wahrnehmungsbereiche

1D – Variation 1

Frage:
Wie viel sind es, gib gut Acht?
Zähl genau, so wird's gemacht!

Wie viele Hüte kannst du in diesem Bild entdecken?

Ich behaupte, es sind vier Hüte in diesem Bild zu sehen.
Stimmt es: JA oder NEIN?

Wahrnehmungsbereiche

1D – Variation 2

Frage:
Wie viel sind es, gib gut Acht?
Zähl genau, so wird's gemacht!

Stimmt es: JA oder NEIN?

Ich behaupte, an der Wäscheleine wurden mehr grüne als rote Wäscheklammern benutzt.

Wahrnehmungsbereiche

Aufgaben zu den Bildern Stufe 1 bis 5 — 97

Bildreferenz

Stufe: **1**

Motivreihe: **E**

Bildname: **„Boot"**

1E – Aufgabe 1

Frage

Ist es korrekt, wahr und richtig,
oder Quatsch, falsch und nichtig?

Schau dir das Feld an, in dem du viele Zahlen sehen kannst.
Ich behaupte, dass dort keine Zahl doppelt vorhanden ist.

Stimmst du mir zu?
JA oder NEIN?

Wahrnehmungsbereiche

1E – Aufgabe 2

Frage

Rot, grün, gelb oder blau,
schwarz, weiß oder grau,
wir wollen es wissen, schau'n genau.

Im Wasser sehe ich ein Tier schwimmen, das kein Fisch ist. Welche Farbe hat das Tier?

Zeige die Farbe mit deiner Antwortkarte.

Wahrnehmungsbereiche

1E – Aufgabe 3

Frage

Das Flugzeug am Himmel fliegt von rechts nach links. Wie viele der Fische schwimmen in die gleiche Richtung, also nach links?

Zeige mit deinen Karten an:
- zeige die rote Karte, wenn es weniger als 5 sind
- zeige die gelbe Karte, wenn es genau 5 sind
- zeige die grüne Karte, wenn es mehr als 5 sind

Hinweis

Wenn die Kinder die Raumrichtungen noch nicht sicher bestimmen können, zeigen Sie zusätzlich nach links, wenn Sie die Frage stellen!

Wahrnehmungsbereiche

1E – Aufgabe 4

Frage

Merken, hüpfen und erinnern.
Das macht uns hier zu Gewinnern.
Wir schau'n genau, und prägen ein,
in den Kopf muss alles rein.

Nimm dir Zeit und schau dir das Bild genau an.
Suche den Anker, den Seestern und die Glocke.

Hüpfe nun 10-mal auf einem Bein – und dann noch 10-mal auf dem anderen Bein!

Dann schließe die Augen und erinnere dich: die Glocke ist sehr weit hinten im Boot zu finden. Aber ist die Glocke im letzten Feld, oder gab es noch ein weiteres Feld mit einem Gegenstand dahinter?

Zeige die JA-Karte, wenn die Glocke im letzten Feld, also ganz hinten ist.
Zeige die NEIN-Karte, wenn die Glocke nicht im letzten Feld liegt, sondern ein anderer Gegenstand.

Hinweis

Nehmen Sie die Folie vom OHP oder decken Sie die Folie ab, wenn die Kinder sich erinnern sollen.

Wahrnehmungsbereiche

1E – Variation 1

Frage

Ist es korrekt, wahr und richtig,
oder Quatsch, falsch und nichtig?

Richte deinen Blick jetzt auf die blauen Blüten.

Stimmt es: JA oder NEIN?
Die Blüten sehen alle ganz gleich aus – kann das wohl sein?

Wahrnehmungsbereiche

1E – Variation 2

Frage

Die Zwillinge schauen durch die Fenster des Bootes. Obwohl sie fast gleich aussehen, gibt es doch Unterschiede zu entdecken. Ich sehe zwei Unterschiede. Du auch?

Flüstere die zwei Unterschiede in das Ohr deines Sitznachbarn.

Wahrnehmungsbereiche

Aufgaben zu den Bildern Stufe 1 bis 5

Bildreferenz

Stufe: **2**

Motivreihe: **A**

Bildname: **„Steine"**

2A - Aufgabe 1

Frage

Wie viel sind es, gib gut Acht?
Zähl genau, so wird's gemacht!

Wie viele Tiere kannst du in diesem Bild entdecken?

Zeige mit deinen Karten an:
- zeige die rote Karte für 2 Tiere
- zeige die gelbe Karte für 4 Tiere
- zeige die grüne Karte für 5 Tiere
- zeige die blaue Karte für mehr als 5 Tiere

Wahrnehmungsbereiche

2A - Aufgabe 2

Frage

Schau dir nun den grünen und den blauen Steinbrocken an. Welcher der beiden liegt **hinter** den Zahlen?

Zeige die Farbe des Steins mit deiner Antwortkarte.

Wahrnehmungsbereiche

2A - Aufgabe 3

Frage

Ob links, ob rechts, ist nicht egal,
drum schauen wir ein weiteres Mal.

In welche Richtung bewegt sich der Hase?

Strecke auf mein Zeichen deinen linken Arm nach oben, wenn er nach links läuft.
Strecke den rechten Arm nach oben, wenn er nach rechts läuft.

Wahrnehmungsbereiche

Hinweis

Wenn die Kinder die Raumrichtungen noch nicht sicher bestimmen können, zeigen Sie die Richtungen an und demonstrieren die Bewegungen mit dem jeweiligen Arm!

2A - Aufgabe 4

Frage

Auf dem Bild hat sich ein Tier versteckt.
Hast du es schon entdeckt?
Es ist kein Hund und keine Laus,
es ist kein Pferd, vielleicht 'ne Maus?

Schau genau hin und siehe dir das Bild gut an.
Stimmt es: JA oder NEIN?
Es ist eine kleine Maus zu sehen – kann das wohl sein?

Wahrnehmungsbereiche

2A - Aufgabe 5

Frage

Wer ganz groß, und wer ganz klein?
Schau genau, wer kann das sein?

Welche Farbe hat der größte Steinbrocken in diesem Bild?

Zeige die Farbe mit deiner Antwortkarte.

Wahrnehmungsbereiche

2A - Aufgabe 6

Frage

Merken, drehen und erinnern.
Das macht uns hier zu Gewinnern.
Wir schau'n genau, und prägen ein,
in den Kopf muss alles rein.

Nimm dir Zeit und schau dir das Bild genau an. Achte dabei besonders auf die farbigen Steinbrocken.

Nun dreh dich einmal im Kreis (um deine eigene Achse).

Dann schließe die Augen und erinnere dich: welche Farbe hat der Steinbrocken, der die Form eines Dreiecks hat?

Zeige die Farbe mit deiner Antwortkarte.

Wahrnehmungsbereiche

Hinweis

Nehmen Sie die Folie vom OHP oder decken Sie die Folie ab, wenn die Kinder sich erinnern sollen.

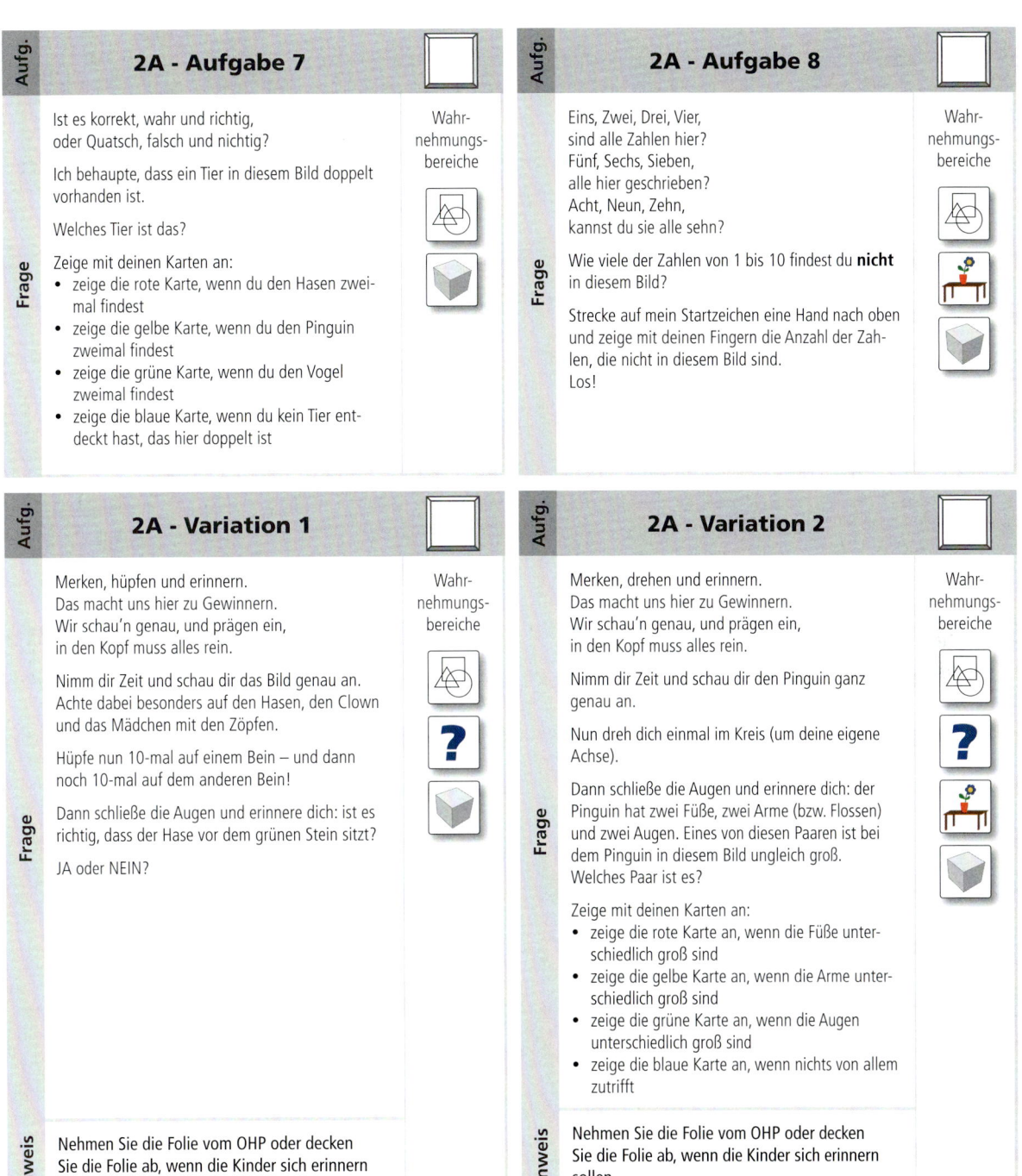

100 Aufgaben zu den Bildern Stufe 1 bis 5

Bildreferenz

Stufe: **1**

Motivreihe: **B**

Bildname: **„Vokale"**

2B – Aufgabe 1

Frage

Eins, Zwei, Drei, Vier, sind alle Zahlen hier?

Schau genau hin und pass gut auf.
Auf die Tafel sind Zahlen von 1 bis 9 geschrieben.

Ich behaupte, dass eine Zahl fehlt. Stimmst du mir zu?
JA oder NEIN?

Wahrnehmungsbereiche

2B – Aufgabe 2

Frage

Auf dem Bild hat sich ein Tier versteckt.
Hast du es schon entdeckt?
Es ist kein Hund und keine Laus,
es ist kein Pferd, vielleicht'ne Maus?

Schau genau hin und siehe dir das Bild gut an.
Stimmt es: JA oder NEIN?
Es ist eine kleine Maus zu sehen – kann das wohl sein?

Wahrnehmungsbereiche

2B – Aufgabe 3

Frage

Rot, grün, gelb oder blau,
schwarz, weiß oder grau,
wir wollen es wissen, schau'n genau.

Welche Farbe hat der Buchstabe, der sich **zwischen** dem Großbuchstaben „I" und dem Großbuchstaben „U" befindet?

Zeige die Farbe des Buchstabens mit deinen Antwortkarten.

Wahrnehmungsbereiche

2B – Aufgabe 4

Frage

Ist es korrekt, wahr und richtig,
oder Quatsch, falsch und nichtig?

Ich behaupte, dass jeder Buchstabe an der Tafel einmal als Kleinbuchstabe und einmal als Großbuchstabe angeschrieben ist.

Stimmst du mir zu?
JA oder NEIN?

Wahrnehmungsbereiche

2B – Aufgabe 5

Frage

Auf diesem Bild sind viele Tiere zu sehen.
Für ein Tier gilt: sein Name beginnt mit dem Buchstaben, der in blau geschrieben ist.

Flüstere deinem Sitznachbarn den Namen des Tieres ins Ohr.

Wahrnehmungsbereiche

2B – Aufgabe 6

Frage

Merken, drehen und erinnern.
Das macht uns hier zu Gewinnern.
Wir schau'en genau, und prägen ein,
in den Kopf muss alles rein.

Nimm dir Zeit und schau dir das Bild genau an.
Achte dabei besonders auf die Tiere.

Nun dreh dich einmal im Kreis (um deine eigene Achse).

Dann schließe die Augen und erinnere dich: hinter welcher Zahl steht der Ochse?

Strecke auf mein Startzeichen eine Hand nach oben und zeige mit deinen Fingern die Zahl an, hinter der der Ochse steht.
Los!

Hinweis

Nehmen Sie die Folie vom OHP oder decken Sie die Folie ab, wenn die Kinder sich erinnern sollen.

Wahrnehmungsbereiche

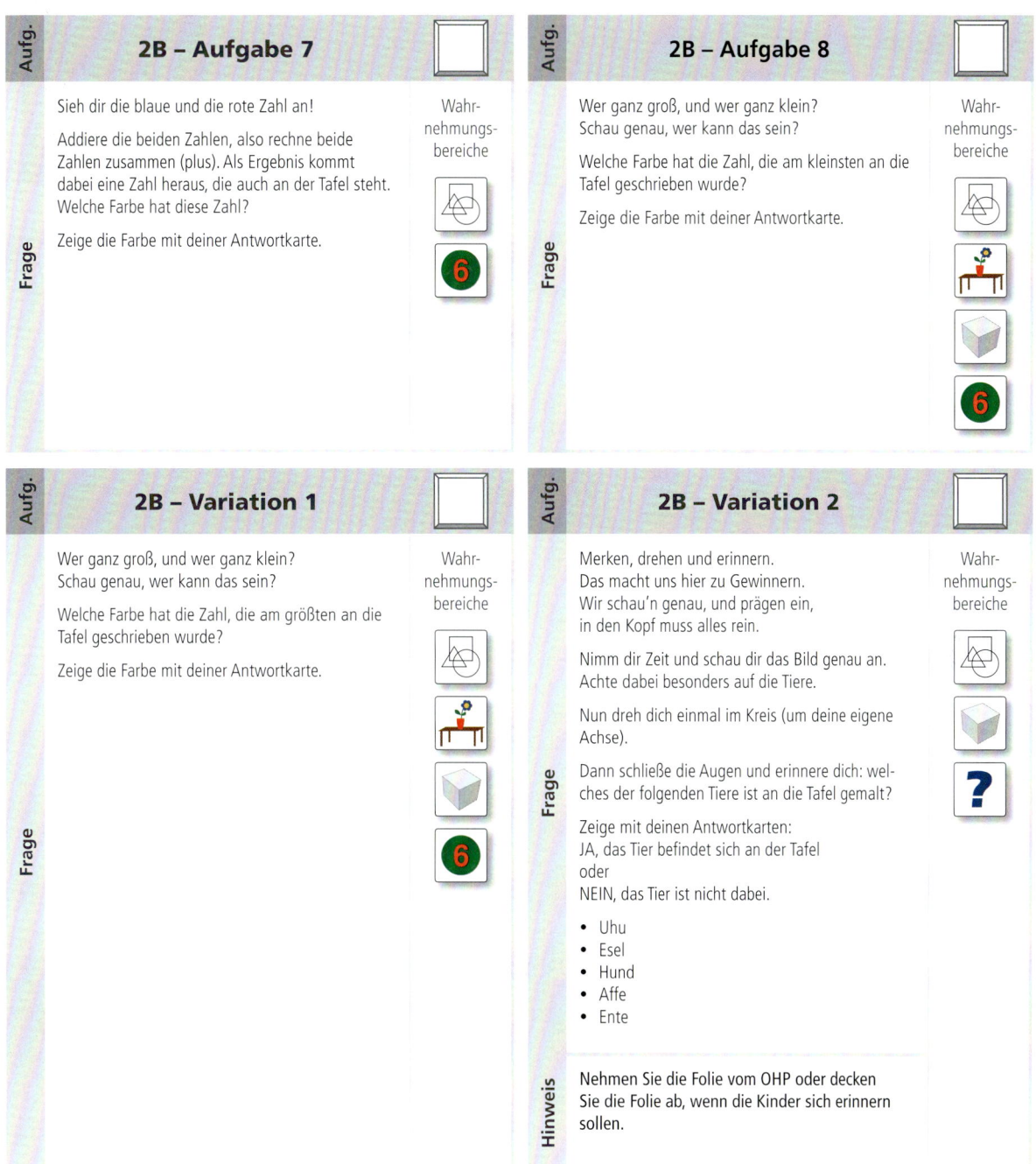

102 — Aufgaben zu den Bildern Stufe 1 bis 5

Bildreferenz

Stufe: 2

Motivreihe: C

Bildname: „Teleskop"

2C – Aufgabe 1

Frage

Wenn wir sie mit Linien verbinden,
ich seh's genau, wir einen Buchstaben finden.

Siehst du in diesem Bild die fünf Sterne, die einen roten Lichtkranz werfen?
Denk dir nun, du würdest die Sterne mit einer Linie verbinden.

Welcher Buchstabe entsteht durch diese Linie?

Flüstere deinem Sitznachbarn den Buchstaben ins Ohr.

Hinweis

Hilfestellungen:
- OHP: Zeigen Sie die Sterne nacheinander auf der Folie an. Beginnen Sie links!
- Bitten Sie ein Kind, die Positionen der Sterne an die Tafel zu zeichnen und diese dann zu verbinden.

Wahrnehmungsbereiche

2C – Aufgabe 2

Frage

Hier gibt es zwei Kometen zu sehen, die sehr schnell durch das All fliegen. Die Kometen ziehen einen langen Schweif hinter sich her.

Welcher der beiden befindet sich näher am Bildrand? Der rechte oder der linke Komet?

Strecke auf mein Zeichen deinen linken Arm nach oben, wenn es der linke Komet ist.
Strecke den rechten Arm nach oben, wenn es der rechte Komet ist.

Hinweis

Wenn die Kinder die Raumrichtungen noch nicht sicher bestimmen können, zeigen Sie zusätzlich nach rechts oder links, wenn Sie die Frage stellen!

Wahrnehmungsbereiche

2C – Aufgabe 3

Frage

Wie viel sind es, gib gut Acht?
Zähl genau, so wird's gemacht!

Im All ist ein Weltraumshuttle zu sehen, das wie ein Flugzeug aussieht. Denke dir eine Linie in die Richtung, in die das Shuttle fliegt. Durch welchen Stern würde diese Linie laufen? Wie viele Zacken hat dieser Stern?

Zeige mit deinen Karten an:
- zeige die rote Karte für 4 Zacken
- zeige die gelbe Karte für 5 Zacken
- zeige die grüne Karte für 6 Zacken
- zeige die blaue Karte für mehr als 6 Zacken

Wahrnehmungsbereiche

2C – Aufgabe 4

Frage

Auf dem Bild hat sich ein Tier versteckt.
Hast du es schon entdeckt?
Es ist kein Hund und keine Laus,
es ist kein Pferd, vielleicht 'ne Maus?

Schau genau hin und siehe dir das Bild gut an.
Stimmt es: JA oder NEIN?
Es ist eine kleine weiße Maus zu sehen – kann das wohl sein?

Wahrnehmungsbereiche

2C – Aufgabe 5

Frage

Wie viel sind es, gib gut Acht?
Zähl genau, so wird's gemacht!

Schau dir den Stern an, der an der unteren Hälfte des größten Planeten hervor lugt.

Wie viele Zacken hat dieser Stern?

Zeige mit deinen Karten an:
- zeige die rote Karte für 2 Zacken
- zeige die gelbe Karte für 4 Zacken
- zeige die grüne Karte für 5 Zacken
- zeige die blaue Karte für mehr als 5 Zacken

Wahrnehmungsbereiche

2C – Aufgabe 6

Frage

Schau genau, du wirst sie entdecken!
Kleine grüne Männchen, die sich im All verstecken.

Wie viele von den kleinen grünen Männchen kannst du hier finden?

Zeige das Ergebnis durch Klatschen an.
Klatsche so oft in deine Hände, wie du kleine grüne Männchen entdeckst.
Los!

Wahrnehmungsbereiche

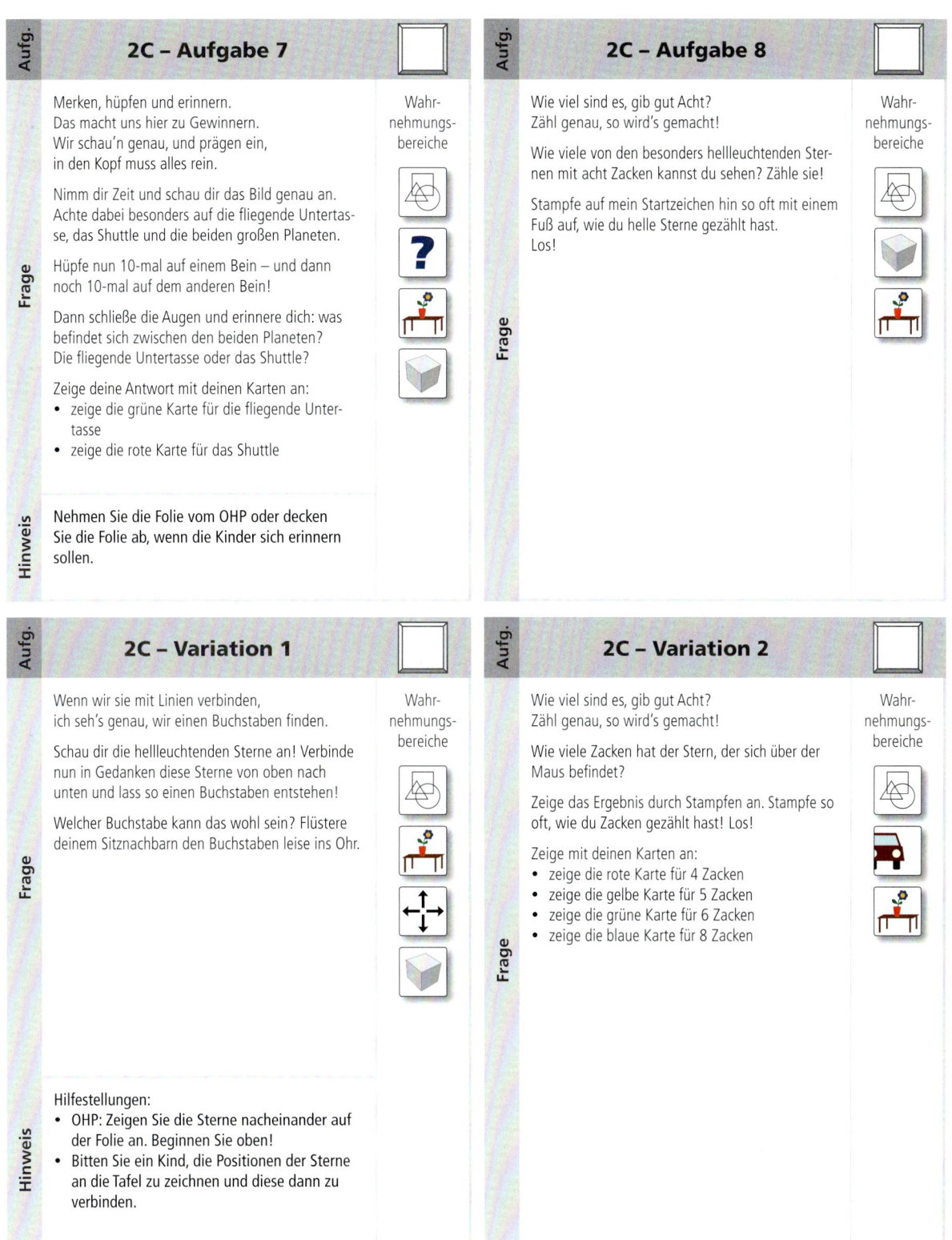

Bildreferenz

Stufe: 2

Motivreihe: D

Bildname: „Kette"

2D – Aufgabe 1

Wie viel sind es, gib gut Acht?
Zähl genau, so wird's gemacht!

Wie viele Sterne mit genau 5 Zacken findest du auf dem Bild?

Strecke auf mein Startzeichen eine Hand nach oben und zeige mit deinen Fingern die Anzahl an.
Los!

Wahrnehmungsbereiche

2D – Aufgabe 2

Auf der linken Seite findest du ein Perlenband, auf dem bunte Glasperlen aufgereiht sind.

Welche Farbe müsste die nächste Perle haben, die oben auf die Kette aufgefädelt wird?

Zeige die Farbe mit deiner Antwortkarte.

Wahrnehmungsbereiche

2D – Aufgabe 3

Auf dem Bild hat sich ein Herz versteckt. Hast du es schon entdeckt?

In welchem Teil des Bildes ist das Herz zu finden?

Zeige deine Antwort mit deinen Karten an:
- Zeige die rote Karte, wenn sich das Herz im oberen Teil des Bildes befindet.
- Zeige die grüne Karte, wenn sich das Herz im unteren Teil des Bildes befindet.
- Zeige die blaue Karte, wenn es gar kein Herz in diesem Bild gibt.

Wahrnehmungsbereiche

2D – Aufgabe 4

Wie viel sind es, gib gut Acht?
Zähl genau, so wird's gemacht!

Wie viele Fingerringe sind in dem Bild zu entdecken?

Ich behaupte, es sind 3. Stimmst du mir zu?
JA oder NEIN?

Wahrnehmungsbereiche

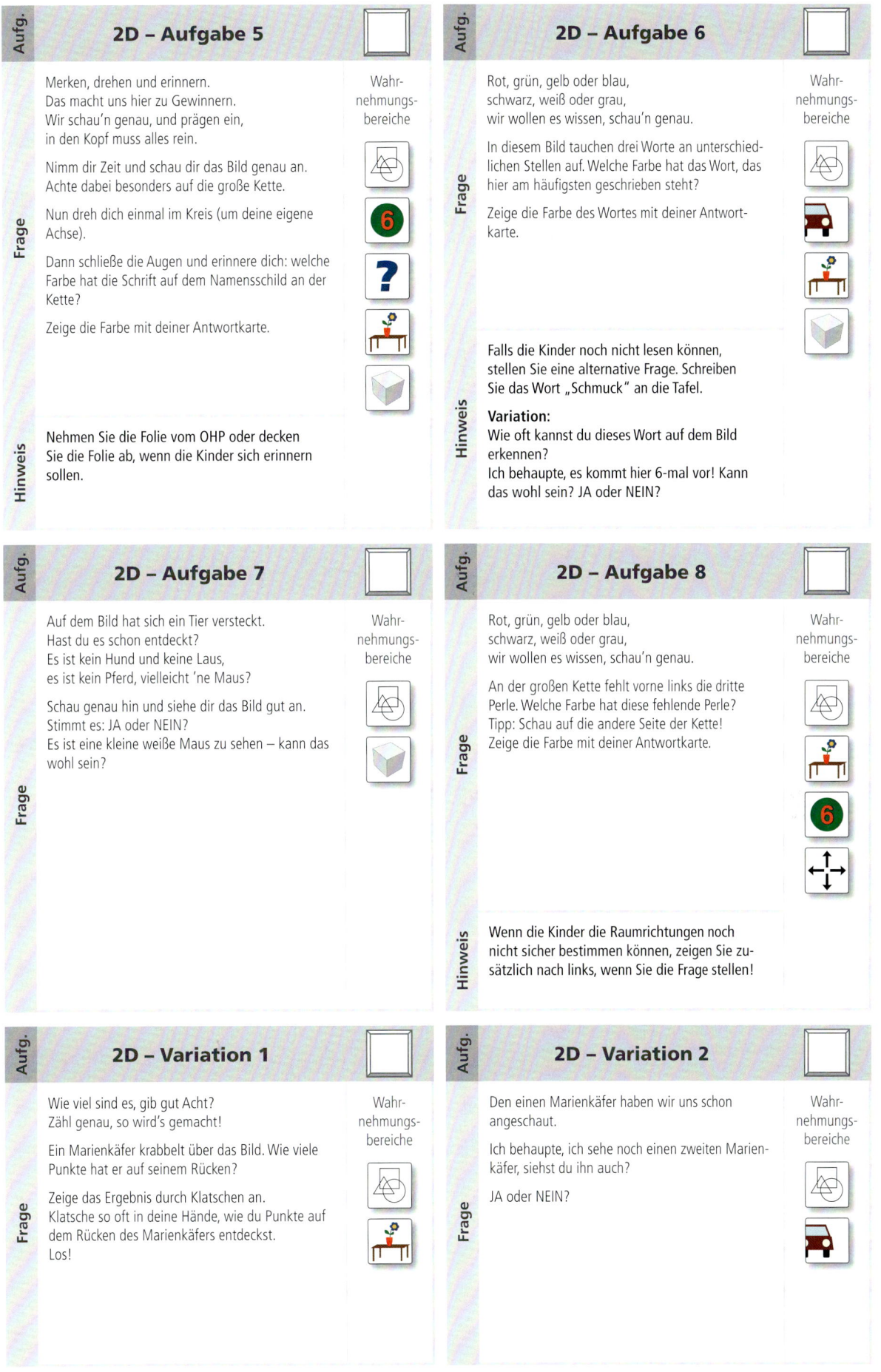

Aufgaben zu den Bildern Stufe 1 bis 5

Bildreferenz

Stufe: **2**

Motivreihe: **E**

Bildname: **„Apfel"**

2E – Aufgabe 1

Frage

Wie viel sind es, gib gut Acht?
Zähl genau, so wird's gemacht!

Wie viele Ameisen erkennst du auf dem Bild?

Zeige das Ergebnis durch Klatschen an.
Klatsche so oft in deine Hände, wie du Ameisen entdeckst.
Los!

Wahrnehmungsbereiche

2E – Aufgabe 2

Frage

Eins, Zwei, Drei, Vier,
sind alle Zahlen hier?

Ich behaupte, dass eine Zahl in dem Apfel zweimal vorkommt.

Welche Zahl ist es?

Zeige mit deinen Karten an:
- zeige die rote Karte für die 2
- zeige die gelbe Karte für die 5
- zeige die grüne Karte für die 6
- zeige die blaue Karte für die 8

Wahrnehmungsbereiche

2E – Aufgabe 3

Frage

Eins, Zwei, Drei, Vier,
sind alle Zahlen hier?

Suche alle Zahlen in diesem Bild von 1 bis 9.

Wie viele fehlen?

Strecke auf mein Startzeichen eine Hand nach oben und zeige mit deinen Fingern die Anzahl der fehlenden Zahlen an.
Los!

Wahrnehmungsbereiche

2E – Aufgabe 4

Frage

Schau genau hin und pass gut auf.
Es gibt einen Würfel, auf dem stehen Punkte darauf.
Mit den Farben kannst du rechnen nun –
wie es geht, siehst du darunter – es gibt viel zu tun.

Sieh dir jetzt die zweite Aufgabe an und zeige das Ergebnis mit deinen Farbkarten.

Wahrnehmungsbereiche

2E – Aufgabe 5

Frage

Merken, drehen und erinnern.
Das macht uns hier zu Gewinnern.
Wir schau'n genau, und prägen ein,
in den Kopf muss alles rein.

Nimm dir Zeit und schau dir das Bild genau an.
Achte dabei besonders auf die großen Tiere neben dem Apfel.

Nun dreh dich einmal im Kreis (um deine eigene Achse).

Dann schließe die Augen und erinnere dich: welche Farbe hat das Tier, das sich über dem Frosch befindet?

Zeige die Farbe mit deiner Antwortkarte.

Hinweis

Nehmen Sie die Folie vom OHP oder decken Sie die Folie ab, wenn die Kinder sich erinnern sollen.

Wahrnehmungsbereiche

2E – Aufgabe 6

Frage

Der Wurm guckt an einer Stelle aus dem Apfel heraus, an dem eigentlich ein Buchstabe stehen sollte. Welcher Buchstabe könnte das sein?

Schreibe den Buchstaben auf den Rücken deines Sitznachbarn.

Hinweis

Falls die Kinder noch nicht lesen können, stellen Sie eine alternative Frage.

Variation:
Unter der Stelle, an der der Wurm aus dem Apfel kommt, steht ein Buchstabe, der zweimal in den lila Feldern vorkommt. Schreibe den Buchstaben auf den Rücken deines Sitznachbarn.

Wahrnehmungsbereiche

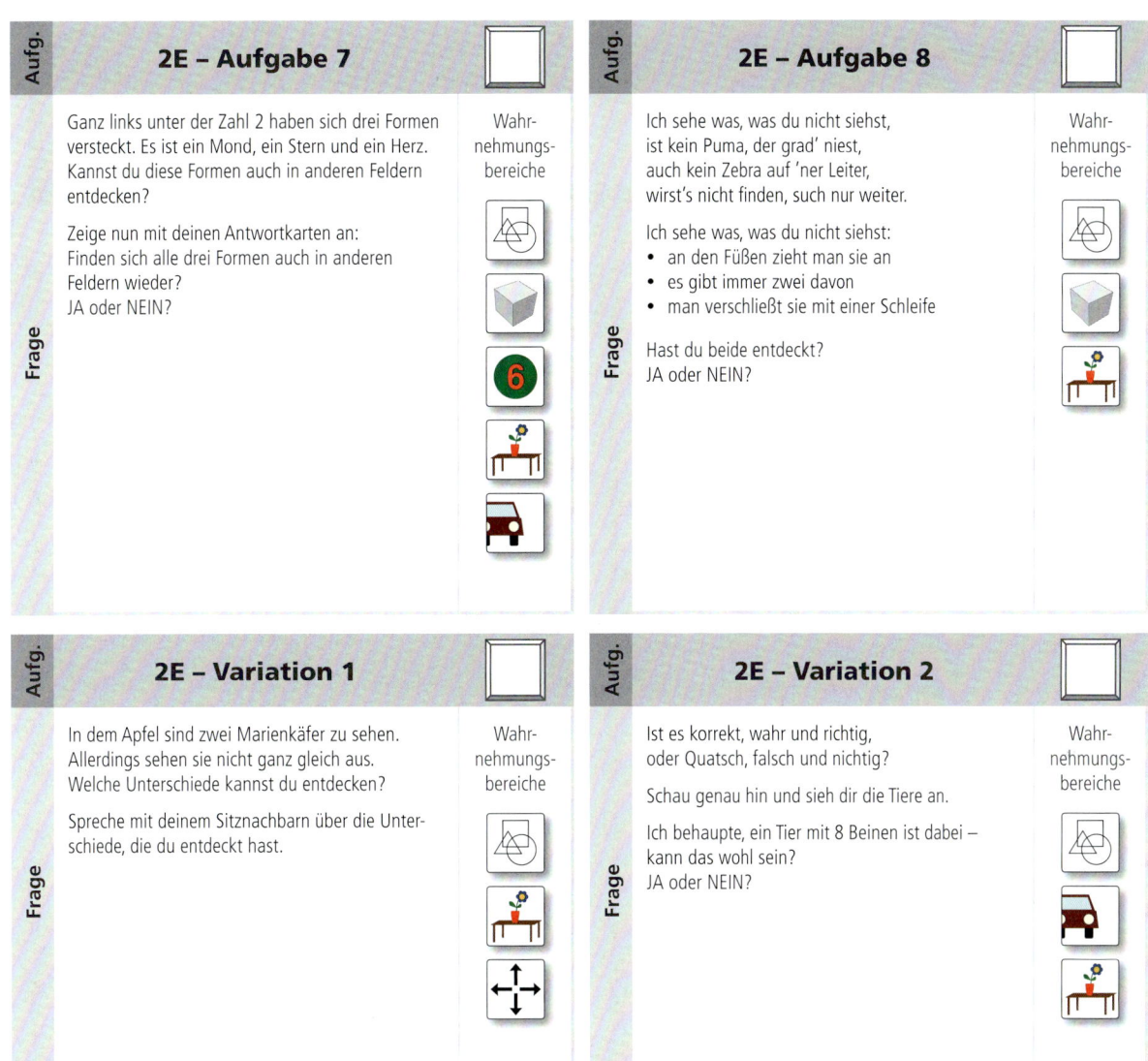

Bildreferenz

Stufe: 3

Motivreihe: A

Bildname: „Buchstaben- und Zahlendreher"

3A – Aufgabe 1

Frage:
Wie viel sind es, gib gut Acht?
Zähl genau, so wird's gemacht!

Wie viele Augenpaare erkennst du in diesem Bild?

Erkennst du genau acht Augenpaare –
kann das sein?
JA oder NEIN?

Wahrnehmungsbereiche

3A – Aufgabe 2

Frage:
Auf dem Bild hat sich ein Tier versteckt.
Hast du es schon entdeckt?
Es ist kein Hund und keine Laus,
es ist kein Pferd, vielleicht 'ne Maus?

Schau genau hin und siehe dir das Bild gut an.
Stimmt es: JA oder NEIN?
Es ist eine kleine weiße Maus zu sehen – kann das wohl sein?

Wahrnehmungsbereiche

3A – Aufgabe 3

Frage:
Schau genau, das ist jetzt wichtig!
Was ist falsch und was ist richtig?

Neben dem Hund sind zwei Worte geschrieben. Nur eines davon bedeutet „Hund". Welche Farbe hat das richtig geschriebene Wort „Hund"?

Zeige nun mit deinen Farbkarten die Farbe, in der man das Wort „Hund" lesen kann!

Hinweis:
Falls die Kinder nicht lesen können, schreiben Sie das Wort an die Tafel, so dass die Kinder die Wortbilder vergleichen können.

Wahrnehmungsbereiche

3A – Aufgabe 4

Frage:
Merken, hüpfen und erinnern.
Das macht uns hier zu Gewinnern.
Wir schau'n genau, und prägen ein,
in den Kopf muss alles rein.

Nimm dir Zeit und schau dir das Bild genau an. Achte dabei besonders auf die Katze, den Hund und den Esel.

Hüpfe nun 10-mal auf einem Bein – und dann noch 10-mal auf dem anderen Bein!

Dann schließe die Augen und erinnere dich: ist der Esel ein bisschen von einem Buchstaben verdeckt?

JA oder NEIN?

Hinweis:
Nehmen Sie die Folie vom OHP oder decken Sie die Folie ab, wenn die Kinder sich erinnern sollen.

Wahrnehmungsbereiche

3A – Aufgabe 5

Frage:
Wie viel sind es, gib gut Acht?
Zähl genau, so wird's gemacht!

Neben dem roten Herz sind einige Schlangenlinien zu sehen. Wie viele genau sind es?

Ich behaupte, es sind 7.
Kann das wohl sein?
JA oder NEIN?

Wahrnehmungsbereiche

3A – Aufgabe 6

Frage:
Wie viel sind es, gib gut Acht?
Zähl genau, so wird's gemacht!

Wie viele Figuren, die keine Tiere sind, kannst du erkennen?

Zeige das Ergebnis durch Klatschen an.
Klatsche so oft in deine Hände, wie du Figuren entdeckst.
Los!

Wahrnehmungsbereiche

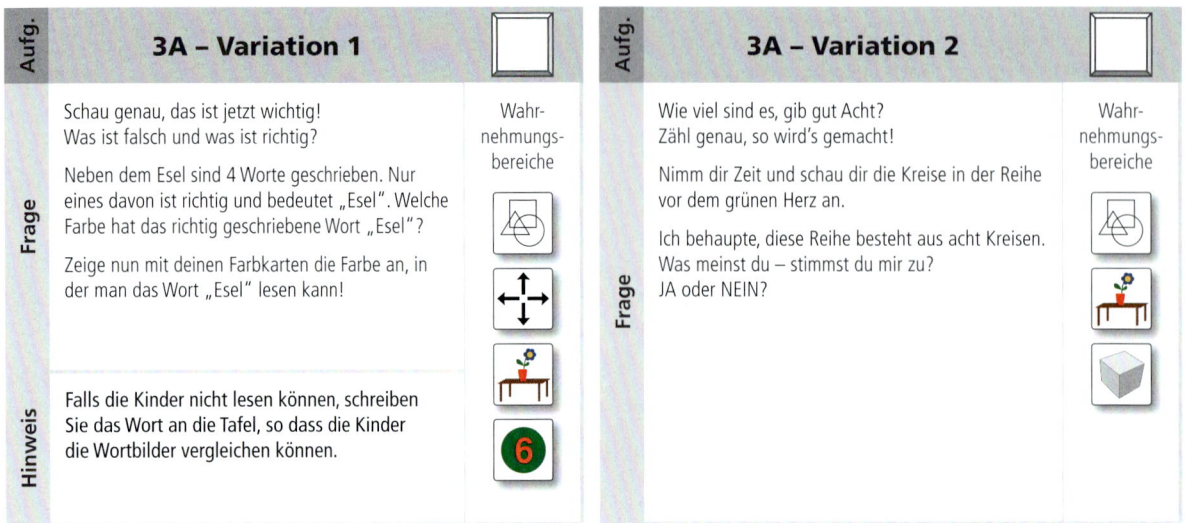

Aufgaben zu den Bildern Stufe 1 bis 5 — 111

Bildreferenz

Stufe: **3**

Motivreihe: **B**

Bildname: **„Handabdrücke"**

3B – Aufgabe 1

Plitsch Platsch, wer hat das auf die Tafel gepatscht? Wir werden nicht rausfinden, wer es war. Aber die Anzahl der Hände, die ist klar.

Zeige mit deinen Karten an, ob du auf der Tafel genau 6 menschliche Handabdrücke finden kannst.
Sind es 6, dann zeige JA.
Sind es mehr oder weniger als 6, dann zeige NEIN.

Wahrnehmungsbereiche

3B – Aufgabe 2

Schau genau hin und gib gut Acht.
Du siehst viele Wörter – das wurde mit Absicht gemacht.

Zeige nun mit deinen Farbkarten an: welche Farbe haben die Wörter, die mit einem „P" anfangen?

Wahrnehmungsbereiche

3B – Aufgabe 3

Ich sehe was, was du nicht siehst,
ist kein Puma, der grad' niest,
auch kein Zebra auf 'ner Leiter,
wirst's nicht finden, such nur weiter.

Ich sehe was, was du nicht siehst:
- Und das ist blau.
- Es hat meistens eine Klingel.
- Man benutzt es im Sitzen.

Wenn du es auch siehst, dann sag es leise deinem Sitznachbarn.

Hinweis: Es kann auch aufgemalt oder aufgeschrieben werden.

Wahrnehmungsbereiche

3B – Aufgabe 4

Auf der Tafel ist ein Stern gar nicht fern,
und ich will gestehen, da ist auch eine Blume zu sehen.
Und ganz rechts im Vordergrund, da ist auch ein Mund, ganz rund.

Was haben diese Bilder gemeinsam? Zeige entweder die JA- oder die NEIN-Karte nach jeder Behauptung.
- Sie sind alle auf der linken Seite zu finden.
- Sie haben alle die gleiche Farbe.
- Sie stehen alle auf dem Kopf.
- Sie befinden sich alle unterhalb des Huts.

Wahrnehmungsbereiche

3B – Aufgabe 5

Das Auto hat 4, die Oma 3,
und bei der Puppe sind 5 dabei.
Die Buchstaben wollen wir zählen, ganz genau, von allen Wörtern auf der Tafel, die geschrieben sind in blau.

Zähle alle Buchstaben der blauen Wörter zusammen.

Zeige mit deinen Karten an:
JA, wenn du genau 7 Buchstaben gezählt hast.
NEIN, wenn du entweder mehr oder weniger Buchstaben gezählt hast.

Hinweis: Falls die Kinder noch nicht lesen können, können Sie die in den Wörtern enthaltenen Buchstaben einzeln an die Tafel schreiben.

Wahrnehmungsbereiche

3B – Aufgabe 6

Auf dem Bild hat sich ein Tier versteckt.
Hast du es schon entdeckt?
Es ist kein Hund und keine Laus,
es ist kein Pferd, vielleicht 'ne Maus?

Schau genau hin und siehe dir das Bild gut an.
Stimmt es: JA oder NEIN?
Es ist eine kleine weiße Maus zu sehen – kann das wohl sein?

Wahrnehmungsbereiche

3B – Variation 1

Aufg.

Lies genau und schau gut hin,
es geht um die Buchstaben,
wie viele A's sind drin?

Zähle, wie oft der Buchstabe A in allen weißen und grünen Wörtern zusammen vorkommt.

Zeige das Ergebnis durch Klatschen an.
Klatsche auf mein Startzeichen hin für jedes A, das du gezählt hast, einmal in die Hände.
Achtung, fertig, los!

Frage

Wahrnehmungsbereiche

3B – Variation 2

Aufg.

Merken, hüpfen und erinnern.
Das macht uns hier zu Gewinnern.
Wir schau'n genau, und prägen ein,
in den Kopf muss alles rein.

Nimm dir Zeit und schau dir die Schneckenlinien genau an. Es gibt zwei davon.
Achte bei den Linien ganz genau auf:

- den Anfang in der Mitte und das Ende ganz außen
  (Pause)
- die Anzahl der Umkreisungen/Kreise
  (Pause)
- die Dicke
  (Pause)
- die Farbe
  (Pause)

Merke dir alles, was du beobachtet hast.

Hüpfe nun 10-mal auf einem Bein – und dann noch 10-mal auf dem anderen Bein!

Dann schließe die Augen und erinnere dich. Ich lese jetzt vier Aussagen vor. Nach jeder Aussage zeigst du mit den Antwortkarten an, ob die Aussage stimmt oder nicht. JA oder NEIN:

1. Die dünne Schneckenlinie ist grün.
2. Die obere Schneckenlinie ist dicker als die untere.
3. Eine der beiden Schneckenlinien endet auf der linken Seite, die andere endet auf der rechten Seite.
4. Die rote Schneckenlinie macht mehr Kreise, als die untere Schneckenlinie.

Frage

Wahrnehmungsbereiche

Hinweis

Nehmen Sie die Folie vom OHP oder decken Sie die Folie ab, wenn die Kinder sich erinnern sollen.

Wenn die Kinder die Raumrichtungen noch nicht sicher bestimmen können, zeigen Sie zusätzlich nach rechts oder links, wenn Sie die die dritte Aussage machen!

Bildreferenz	Stufe:	**3**	 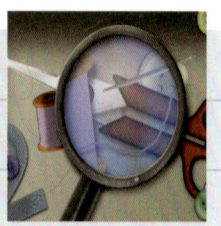
	Motivreihe:	**C**	
	Bildname:	**„Lupe 1" und „Lupe 2"**	

3C – Aufgabe 1 (Lupe 1)

Frage

Schau genau hin und gibt gut Acht, unter der Lupe sind Gegenstände untergebracht.

Kannst du erkennen, was sich unter der Lupe befindet?
- Zeige die grüne Karte, wenn du Stifte erkennen kannst.
- Zeige die rote Karte, wenn du eine Schere erkennen kannst.
- Zeige beide Karten, wenn du beides erkennen kannst.

Wahrnehmungsbereiche

3C – Aufgabe 2 (Lupe 1)

Frage

Schau genau hin und gibt gut Acht, unter der Lupe sind Gegenstände untergebracht.

Schau dir die Gegenstände unter der Lupe noch einmal genau an.

Wie viele unterschiedliche Dinge erkennst du? Zeige das Ergebnis durch Klatschen an.

Klatsche so oft in deine Hände, wie du Gegenstände unter der Lupe entdeckst. Los!

Wahrnehmungsbereiche

3C – Aufgabe 3 (Lupe 2)

Frage

Eins, Zwei, Drei, Vier,
sind alle Zahlen hier?
Fünf, Sechs, Sieben,
alle hier geschrieben?
Acht, Neun, Zehn,
kannst du sie alle sehn?

Nimm dir die Zeit und schau dir das Bild gut an.

Du findest nicht alle Zahlen von 1 bis 10 in diesem Bild. Eine Zahl fehlt! Doch welche ist es? Strecke auf mein Startzeichen eine Hand nach oben und zeige mit deinen Fingern die fehlende Zahl an. Los!

Wahrnehmungsbereiche

3C – Aufgabe 4 (Lupe 2)

Frage

Wie viel sind es, gib gut Acht?
Zähl genau, so wird's gemacht!

Schau genau hin und siehe dir die Knöpfe an. Ich behaupte, es sind sechs – kann das wohl sein? JA oder NEIN?

Wahrnehmungsbereiche

3C – Aufgabe 5 (Lupe 2)

Frage

Spuren, Pfade und auch Zeichen,
folgen ihnen, woll'n nicht weichen.
Bis zum Ende wir jetzt gehen,
bleiben erst am Ziele stehen.

Folge dem lila Faden von der Nähgarnrolle bis zum Ende durch das Bild. Bei welchem Gegenstand kommt der Faden am Ende an?

Zeige mit deinen Antwortkarten an: Welche Farbe hat der Gegenstand?

Wahrnehmungsbereiche

3C – Aufgabe 6 (Lupe 2)

Frage

Mal ganz oben, mal auch drunter,
links daneben, suchen munter.
Ganz bedeckt,
ist es versteckt.
Pass gut auf,
vielleicht liegt's drauf.

Zeige jetzt mit deinen Antwortkarten an: welche Farbe hat der Knopf, der auf der Schere liegt?

Wahrnehmungsbereiche

3C – Variation 1 (Lupe 2)

Frage

Wie viel sind es, gib gut Acht?
Zähl genau, so wird's gemacht!

Ich behaupte: den Begriff „Schnipp-Schnapp" findest du auf diesem Bild zweimal – kann das wohl sein?
JA oder NEIN?

Wahrnehmungsbereiche

3C – Variation 2 (Lupe 2)

Frage

Merken, drehen und erinnern.
Das macht uns hier zu Gewinnern.
Wir schau'n genau, und prägen ein,
in den Kopf muss alles rein.

Nimm dir Zeit und schau dir das Bild genau an.

Nun dreh dich einmal im Kreis (um deine eigene Achse).

Jetzt schließe die Augen und erinnere dich: ist unter der Lupe ein grüner Faden zu sehen? Zeige deine Antwort mit deinen Antwortkarten an.

Wahrnehmungsbereiche

Hinweis

Nehmen Sie die Folie vom OHP oder decken Sie die Folie ab, wenn die Kinder sich erinnern sollen.

Aufgaben zu den Bildern Stufe 1 bis 5   117

Bildreferenz

Stufe: **3**

Motivreihe: **D**

Bildname: **„Kugelbahn"**

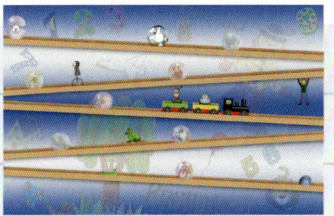

3D – Aufgabe 1

Frage

Wer bin ich?

Aus dem Schaffnerhaus des Zuges gucken dich zwei Augen an.
Was denkst du könnte das für ein Tier sein, das da den Zug steuert?

Flüstere deinem Sitznachbarn den Namen des Tieres ins Ohr.

Wahrnehmungsbereiche

3D – Aufgabe 2

Frage

Wie viel sind es, gib gut Acht?
Zähl genau, so wird's gemacht!

Wie viele Tiere kannst du auf diesem Bild erkennen?

Klatsche auf mein Startzeichen so oft in die Hände, wie du Tiere hier entdeckst. Aber vergiss den Löwen nicht. Los!

Wahrnehmungsbereiche

3D – Aufgabe 3

Frage

Wie viel sind es, gib gut Acht?
Zähl genau, so wird's gemacht!

Schau genau hin und sieh dir die Tiere auf diesem Bild an.
Viele sehen dich an, doch einige sehen auch zur Seite.

Wie viele Tiere in dem Bild sehen nicht in deine Richtung, sondern nach rechts oder nach links?

Klatsche auf mein Startzeichen so oft in die Hände, wie du Tiere hier entdeckst, die von der Seite zu sehen sind. Los!

Wahrnehmungsbereiche

3D – Aufgabe 4

Frage

Ob links, ob rechts, ist nicht egal,
drum schauen wir ein weiteres Mal.

In welche Richtung bewegt sich die Kugel, in der sich der Elefant befindet.
Bewegt sich die Kugel nach links, dann zeige eine rote Karte.
Bewegt sich die Kugel nach rechts, dann zeige eine grüne Karte.

Hinweis

Falls die Kinder die Raumrichtungen noch nicht sicher zuordnen können, zeigen Sie bitte nach rechts und links, wenn Sie die Frage stellen.

Wahrnehmungsbereiche

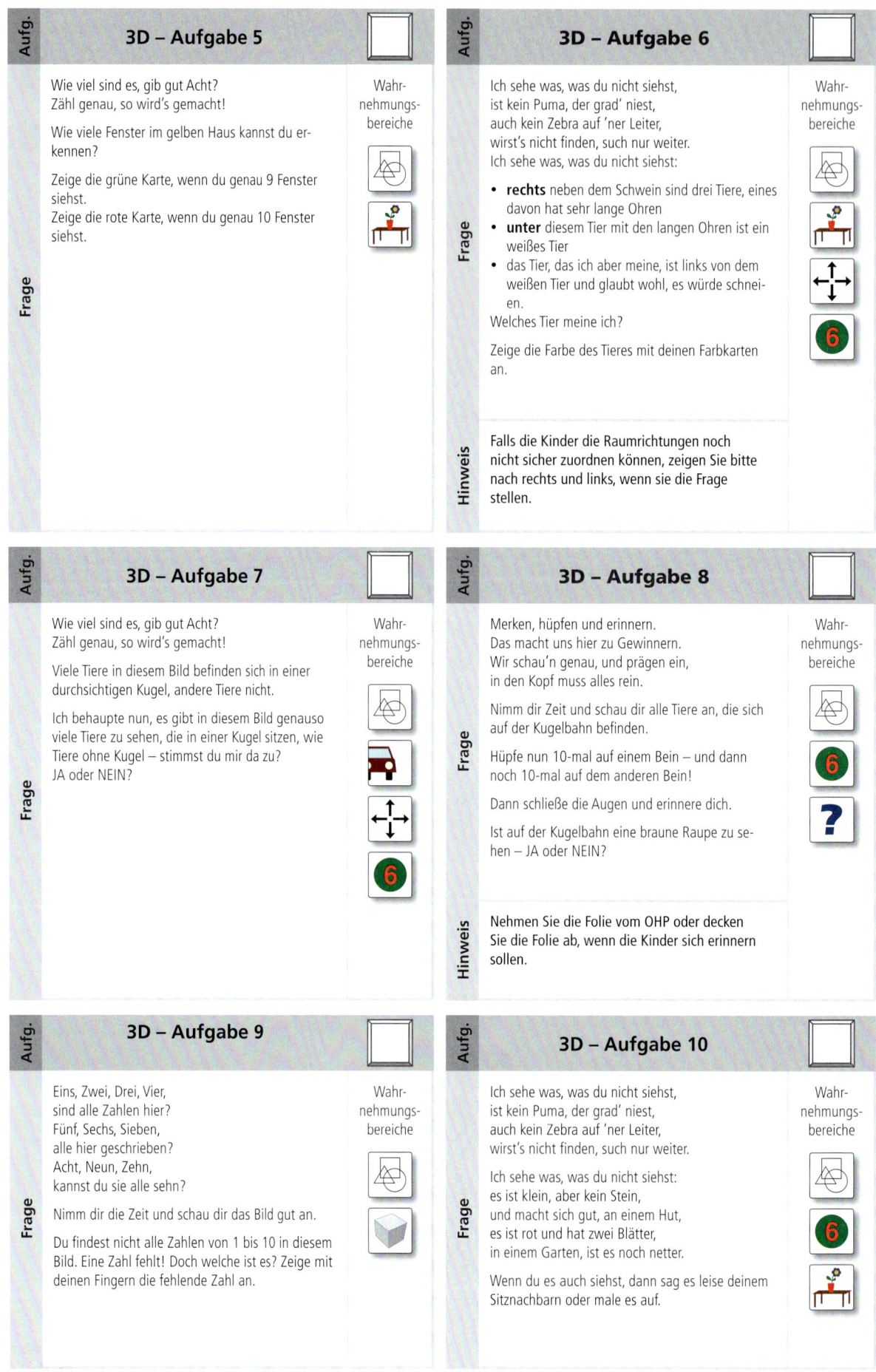

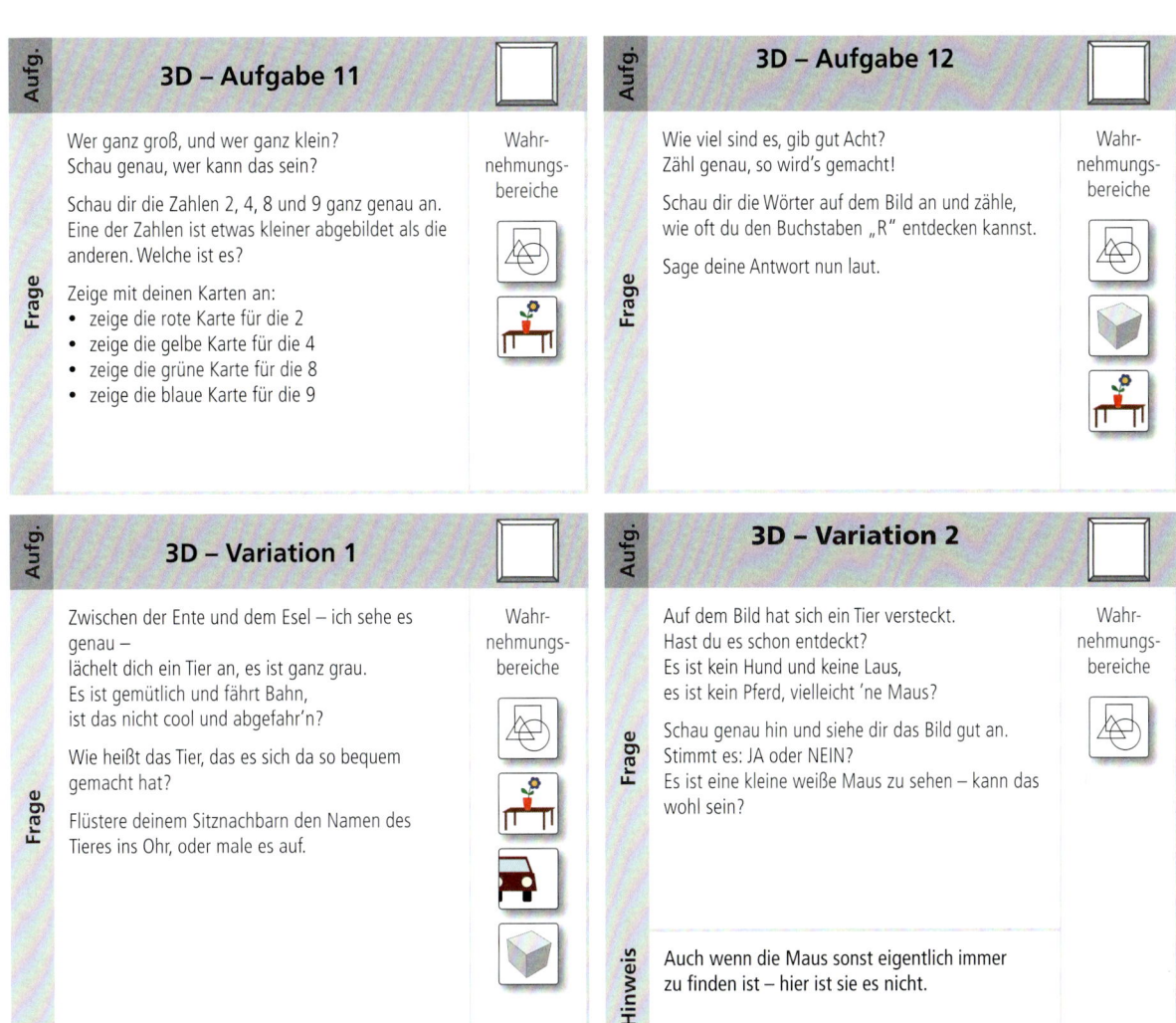

Aufgaben zu den Bildern Stufe 1 bis 5

Bildreferenz

Stufe: 3

Motivreihe: E

Bildname: „Haus"

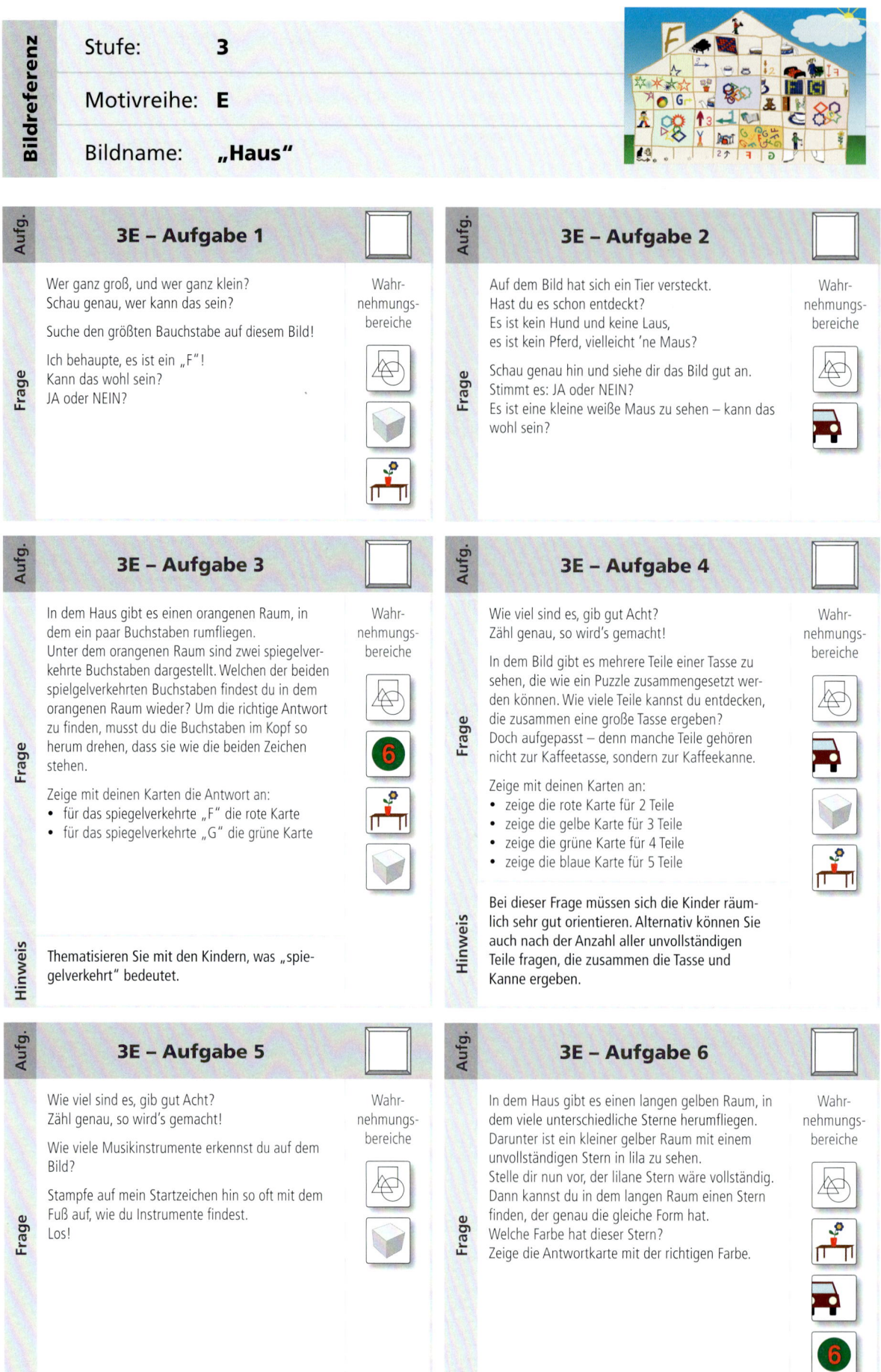

3E – Aufgabe 1

Frage:

Wer ganz groß, und wer ganz klein?
Schau genau, wer kann das sein?

Suche den größten Buchstabe auf diesem Bild!

Ich behaupte, es ist ein „F"!
Kann das wohl sein?
JA oder NEIN?

Wahrnehmungsbereiche

3E – Aufgabe 2

Frage:

Auf dem Bild hat sich ein Tier versteckt.
Hast du es schon entdeckt?
Es ist kein Hund und keine Laus,
es ist kein Pferd, vielleicht 'ne Maus?

Schau genau hin und siehe dir das Bild gut an.
Stimmt es: JA oder NEIN?
Es ist eine kleine weiße Maus zu sehen – kann das wohl sein?

Wahrnehmungsbereiche

3E – Aufgabe 3

Frage:

In dem Haus gibt es einen orangenen Raum, in dem ein paar Buchstaben rumfliegen.
Unter dem orangenen Raum sind zwei spiegelverkehrte Buchstaben dargestellt. Welchen der beiden spiegelverkehrten Buchstaben findest du in dem orangenen Raum wieder? Um die richtige Antwort zu finden, musst du die Buchstaben im Kopf so herum drehen, dass sie wie die beiden Zeichen stehen.

Zeige mit deinen Karten die Antwort an:
- für das spiegelverkehrte „F" die rote Karte
- für das spiegelverkehrte „G" die grüne Karte

Hinweis: Thematisieren Sie mit den Kindern, was „spiegelverkehrt" bedeutet.

Wahrnehmungsbereiche

3E – Aufgabe 4

Frage:

Wie viel sind es, gib gut Acht?
Zähl genau, so wird's gemacht!

In dem Bild gibt es mehrere Teile einer Tasse zu sehen, die wie ein Puzzle zusammengesetzt werden können. Wie viele Teile kannst du entdecken, die zusammen eine große Tasse ergeben?
Doch aufgepasst – denn manche Teile gehören nicht zur Kaffeetasse, sondern zur Kaffeekanne.

Zeige mit deinen Karten an:
- zeige die rote Karte für 2 Teile
- zeige die gelbe Karte für 3 Teile
- zeige die grüne Karte für 4 Teile
- zeige die blaue Karte für 5 Teile

Hinweis: Bei dieser Frage müssen sich die Kinder räumlich sehr gut orientieren. Alternativ können Sie auch nach der Anzahl aller unvollständigen Teile fragen, die zusammen die Tasse und Kanne ergeben.

Wahrnehmungsbereiche

3E – Aufgabe 5

Frage:

Wie viel sind es, gib gut Acht?
Zähl genau, so wird's gemacht!

Wie viele Musikinstrumente erkennst du auf dem Bild?

Stampfe auf mein Startzeichen hin so oft mit dem Fuß auf, wie du Instrumente findest.
Los!

Wahrnehmungsbereiche

3E – Aufgabe 6

Frage:

In dem Haus gibt es einen langen gelben Raum, in dem viele unterschiedliche Sterne herumfliegen. Darunter ist ein kleiner gelber Raum mit einem unvollständigen Stern in lila zu sehen.
Stelle dir nun vor, der lilane Stern wäre vollständig. Dann kannst du in dem langen Raum einen Stern finden, der genau die gleiche Form hat.
Welche Farbe hat dieser Stern?
Zeige die Antwortkarte mit der richtigen Farbe.

Wahrnehmungsbereiche

3E – Aufgabe 7

Frage:

Merken, hüpfen und erinnern.
Das macht uns hier zu Gewinnern.
Wir schau'n genau, und prägen ein,
in den Kopf muss alles rein.

Nimm dir Zeit und schau dir den Ball, den Teddy und den Clown genau an.

Hüpfe nun 10-mal auf einem Bein – und dann noch 10-mal auf dem anderen Bein!

Dann schließe die Augen und erinnere dich.

Welche Farbe war bei dem Ball ganz oben zu sehen? Tipp: es ist die gleiche Farbe, wie die des linken Hosenbeins beim Clown.

Zeige die Antwortkarte mit der richtigen Farbe.

Wahrnehmungsbereiche

Hinweis: Nehmen Sie die Folie vom OHP oder decken Sie die Folie ab, wenn die Kinder sich erinnern sollen.

3E – Aufgabe 8

Frage:

Jetzt wird's ganz schön kniffelig. Schau dir die Formen in dem blauen Raum an.
Sie finden sich trotz unterschiedlicher Farben in einem anderen Raum genau so wieder. Nur in welchem?

Ist es der rote oder der grüne Raum?

Zeige die Antwortkarte mit der richtigen Farbe.

Wahrnehmungsbereiche

3E – Aufgabe 9

Frage:

Ich seh' ein Kind, und nicht einen Igel,
es steht im Bad, vor einem Spiegel.

Doch sage mir geschwind,
was macht da dieses Kind?

Flüstere deinem Sitznachbarn ins Ohr, was dieses Kind dort vor dem Spiegel macht.

Wahrnehmungsbereiche

3E – Aufgabe 10

Frage:

Wir gehen in dem Haus nochmal in den langen gelben Raum und schauen uns die roten und die grünen Sterne an.
Ich behaupte, dass die roten Sterne insgesamt mehr Zacken haben als die grünen Sterne.
Ist das richtig – JA oder NEIN?

Wahrnehmungsbereiche

Hinweis: Hier wird die Farbkombination „rot – grün" angesprochen. Falls ein Kind die Frage nicht korrekt beantworten kann, kann das mit einer Rot-Grün-Sehschwäche zusammenhängen.

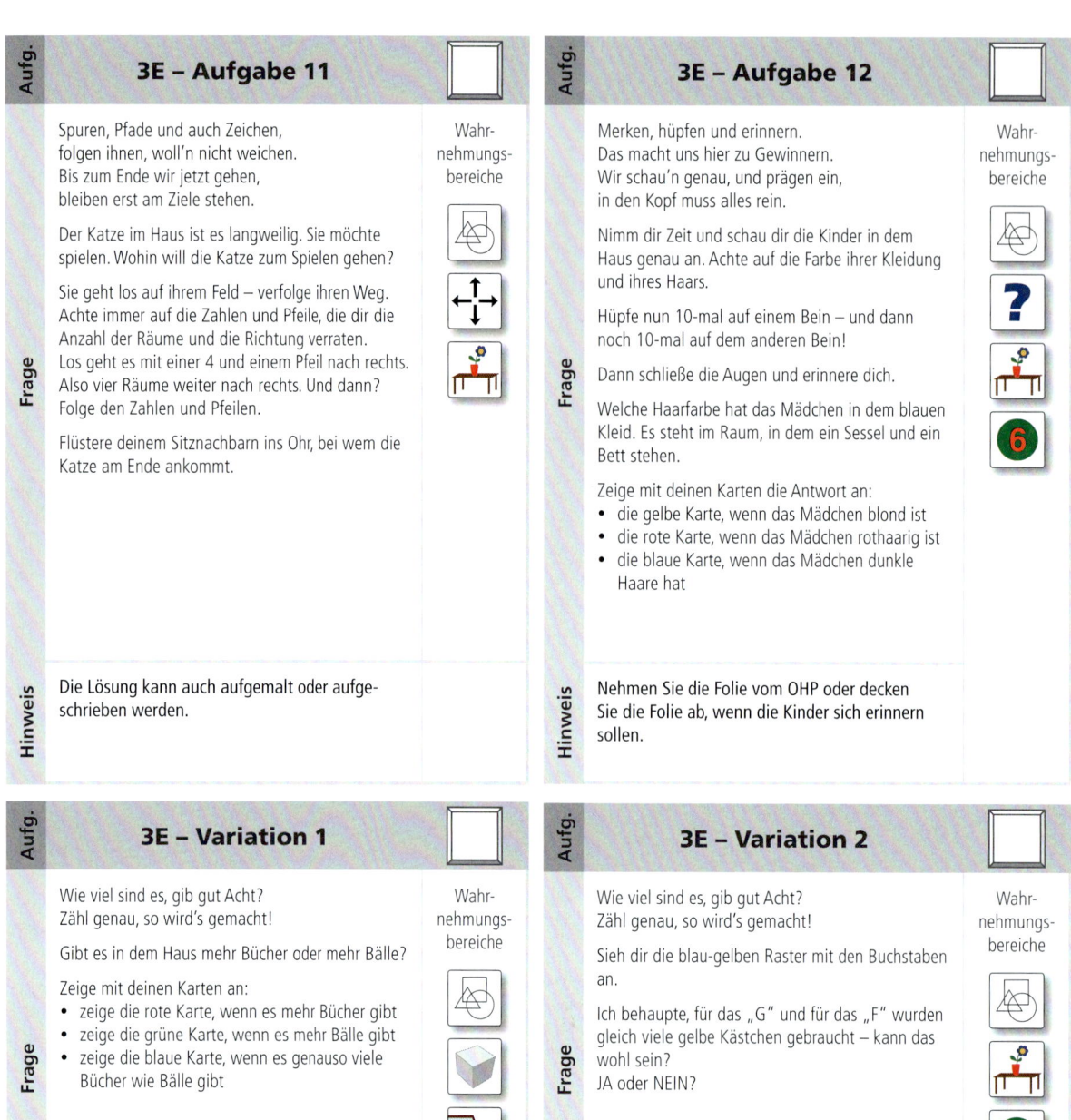

Aufgaben zu den Bildern Stufe 1 bis 5 — 123

Bildreferenz

Stufe: **4**

Motivreihe: **A**

Bildname: **„Vier-Gewinnt"**

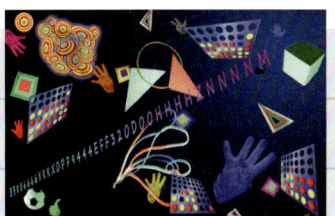

4A – Aufgabe 1

Frage

Waagerecht, senkrecht oder diagonal,
4 müssen in die Reihe, das ist optimal.

Schau dir die 4-Gewinnt-Spiele in diesem Bild an. Bei zwei Spielen sind die Steine exakt gleich angeordnet und es gibt auch schon einen Sieger, der vier Steine in eine Reihe gebracht hat.

Zeige mit deinen Karten die Farbe, die bei beiden Spielen gewonnen hat.

Hinweis

Sollten die Regeln oder die Begriffe waagerecht, senkrecht und diagonal nicht bekannt sein, thematisieren Sie dies, bevor die Frage gestellt wird.

Wahrnehmungsbereiche

4A – Aufgabe 2

Frage

Wie viel sind es, gib gut Acht?
Zähl genau, so wird's gemacht!

In dem Bild sind viele Hände zu sehen. Wie viele der Hände zeigen nicht 4 Finger, sondern mehr oder weniger Finger an.

Zeige auf mein Zeichen dein Ergebnis an. Halte dazu eine Hand nach oben und zeige so viele Finger, wie du Hände zählst, die nicht 4 Finger zeigen.

Wahrnehmungsbereiche

4A – Aufgabe 3

Frage

Ich sehe was, was du nicht siehst,
ist kein Puma, der grad' niest,
auch kein Zebra auf 'ner Leiter,
wirst's nicht finden, such nur weiter.

Ich sehe was, was du nicht siehst:
Ich sehe ein Quadrat, das Außen, also am Rand, die gleiche Farbe hat, wie die größte Hand auf diesem Bild.
Schau dir jetzt an, welche Farbe dieses Quadrat innen, also in der Mitte, hat.
Denn ich sehe eine andere Hand, die die gleiche Farbe hat, wie das Quadrat innen.
Wie viele Finger zeigt diese Hand?

Zeige auf mein Zeichen mit deiner linken Hand das gleiche an, das diese Hand anzeigt.

Wahrnehmungsbereiche

4A – Aufgabe 4

Frage

Merken, hüpfen und erinnern.
Das macht uns hier zu Gewinnern.
Wir schau'n genau, und prägen ein,
in den Kopf muss alles rein.

Nimm dir Zeit und schau dir alle Gegenstände auf dem Bild an.

Falte nun beide Hände und beuge dich so nach vorne, dass du mit deinen Füßen durch die Arme und über die Hände steigen kannst.

Nun setzt dich hin, schließe die Augen und erinnere dich!

Ich behaupte, es ist ein Fußball auf diesem Bild zu sehen – was meinst du? Ist das richtig – JA oder NEIN?

Hinweis

Nehmen Sie die Folie vom OHP oder decken Sie die Folie ab, wenn die Kinder sich erinnern sollen.

Wahrnehmungsbereiche

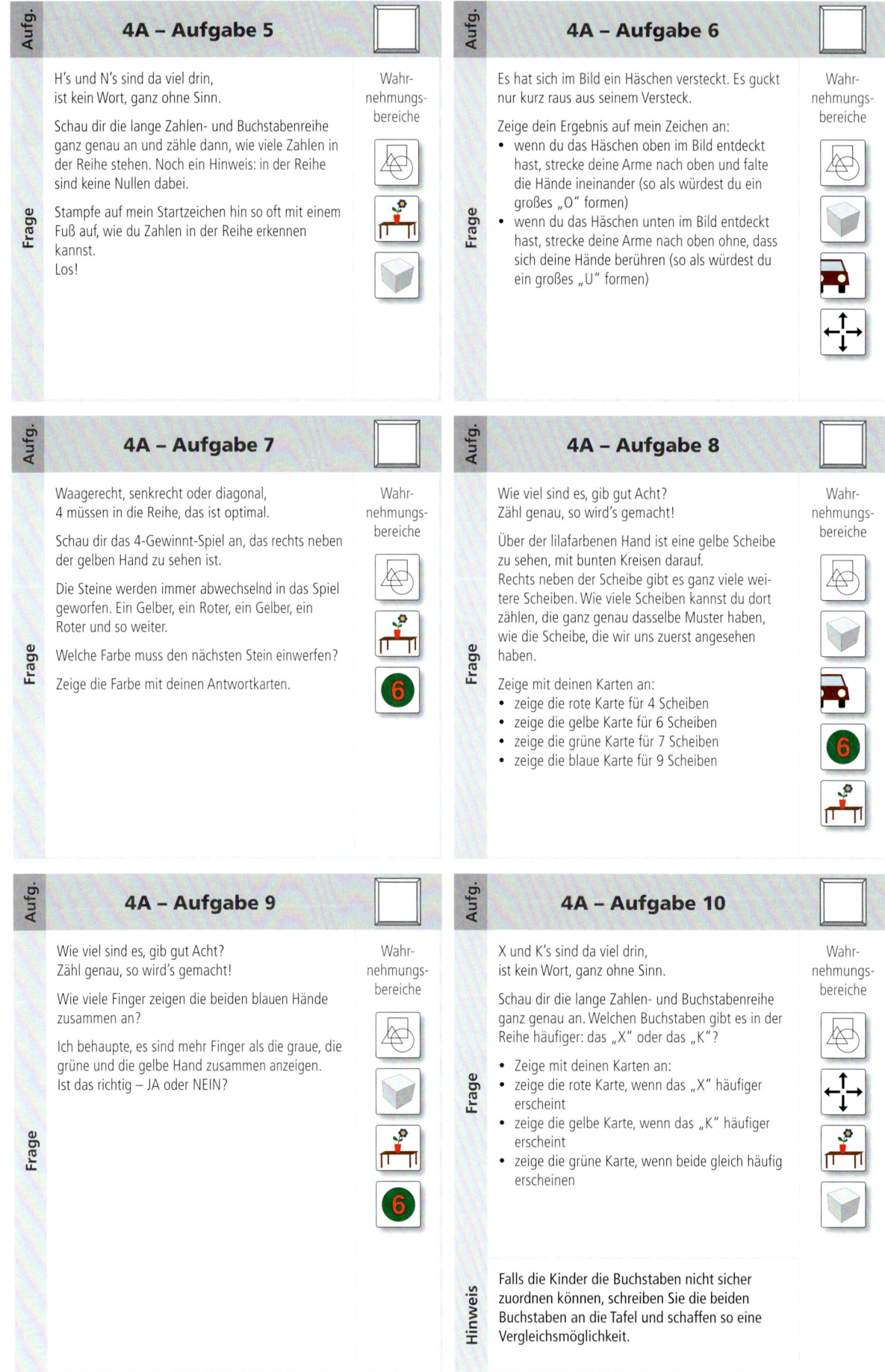

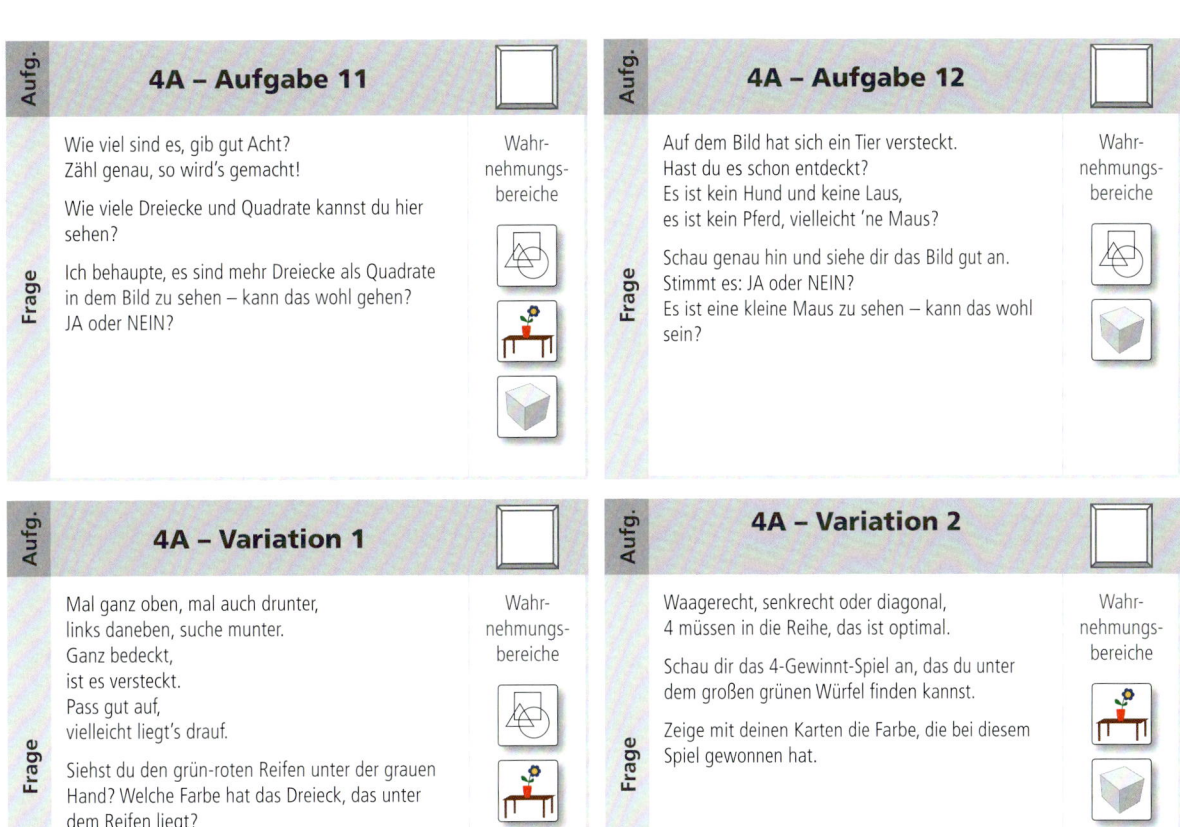

Bildreferenz

Stufe: 4

Motivreihe: B

Bildname: „Unterschiede"

4B – Aufgabe 1

Frage

Schau genau, das ist jetzt wichtig!
Was ist falsch und was ist richtig?

Welche Schnecke sieht ganz genau so aus, wie die Schnecke ganz links.

Antworte mit deinen Karten:
- die rote Karte für die Schnecke in der Mitte
- die grüne Karte für die Schnecke rechts (neben der gelben Linie)
- die blaue Karte, wenn alle drei Schnecken genau gleich aussehen

Wahrnehmungsbereiche

4B – Aufgabe 2

Frage

Das ist das Haus vom Ni-ko-laus.

Auf der Tafel gibt es vier „Nikolaus-Häuser". Das sind die Häuser mit dem Kreuz.
Immer zwei Häuser sind durch einen Weg miteinander verbunden.

Zeige die Farbe des Hauses an, das mit dem roten Haus verbunden ist.

Wahrnehmungsbereiche

4B – Aufgabe 3

Frage

Wie viel sind es, gib gut Acht?
Zähl genau, so wird's gemacht!

Auf die Tafel wurden ganz viele Hüte gemalt. Die sind mal grün, mal blau oder auch gelb.
Aber wie viele sind es genau?

Antworte mit deinen Karten:
- die rote Karte für 4 Hüte
- die grüne Karte für 5 Hüte
- die blaue Karte für 6 Hüte
- die gelbe Karte für 7 Hüte

Wahrnehmungsbereiche

4B – Aufgabe 4

Frage

In der Mitte der Tafel steht etwas mit weißer Kreide geschrieben.
Einiges davon wurde weggewischt, der Rest ist geblieben.
Kannst du lesen, was dort stand geschrieben?

Ich lese jetzt einige Wörter vor. Nach jedem vorgelesenen Wort zeigst du mit deiner Karte an, ob es eines der ausgewischten Wörter von der Tafel ist.
Zeige die JA-Karte, wenn es eines der ausgewischten Wörter ist.
Zeige die NEIN-Karte, wenn es nicht eines der ausgewischten Wörter ist.

Nun die Wörter:
- Haus
- Vogel
- Katze
- Pferd
- Hemd
- Auto
- Hund

Wahrnehmungsbereiche

Hinweis

Wenn die Kinder noch nicht schreiben können, stellen Sie eine alternative Frage.

Variation:
Schau genau hin und sieh dir den Hund gut an.
Welche Farbe hat der Hund nun – welche Farbe zeigst du an, was ist zu tun?

Aufgaben zu den Bildern Stufe 1 bis 5 129

Bildreferenz

Stufe: **4**

Motivreihe: **C**

Bildname: **„Leuchtturm"**

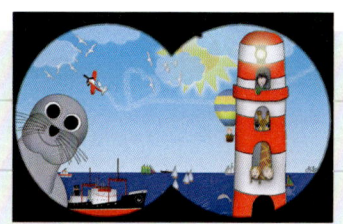

4C – Aufgabe 1

Frage

Wie viel sind es, gib gut Acht?
Zähl genau, so wird's gemacht!

Ich behaupte, der Seehund hat auf der linken Seite mehr Barthaare als auf der rechten Seite.

Ist das wohl richtig? JA oder NEIN?

Hinweis

Wenn die Kinder die Raumrichtungen noch nicht sicher bestimmen können, zeigen Sie zusätzlich nach rechts, wenn Sie die Frage stellen!

Wahrnehmungsbereiche

4C – Aufgabe 2

Frage

Ob links, ob rechts, ist nicht egal,
drum schauen wir ein weiteres Mal.

In welche Richtung springt der Delfin.

Zeige die rote Karte, wenn der Delfin nach links springt.
Zeige die grüne Karte, wenn der Delfin nach rechts springt.

Wahrnehmungsbereiche

4C – Aufgabe 3

Frage

Wie viel sind es, gib gut Acht?
Zähl genau, so wird's gemacht!

Wie viele Segelboote kannst du auf dem Meer erkennen?

Zeige das Ergebnis durch Klatschen an.
Klatsche auf mein Zeichen so oft in deine Hände, wie du Segelboote entdeckst.
Los!

Wahrnehmungsbereiche

4C – Aufgabe 4

Frage

Oh wei, oh wei, da ist ein Hai!
Schwimmt tief im Wasser,
ist auch nasser.

Suche den Hai und sage mir:
schwimmt der Hai auf der linken Seite des Leuchtturms?
JA oder NEIN?

Hinweis

Wenn die Kinder die Raumrichtungen noch nicht sicher bestimmen können, zeigen Sie zusätzlich nach links, wenn Sie die Frage stellen!

Wahrnehmungsbereiche

4C – Aufgabe 5

Frage

Ein Flugzeug kreuz und quer da fliegt,
um die Ecken es da biegt,
weißer Rauch ergibt 'ne Spur,
welche Form, was ist das nur?

Schau dir die Rauchspur des Flugzeugs an. Dort ist eine bestimmte Form zu sehen.
Zeige mit deinen Antwortkarten an:
JA oder NEIN?
Ist es ein Apfel – kann das wohl sein?

Wahrnehmungsbereiche

4C – Aufgabe 6

Frage

Ich sehe was, was du nicht siehst,
ist kein Puma, der grad' niest,
auch kein Zebra auf 'ner Leiter,
wirst's nicht finden, such nur weiter.

Ich sehe was, was du nicht siehst:
es ist blau,
und außerdem auch gelb.

Kannst du den Gegenstand deinem Nachbarn mit Namen nennen?

Wahrnehmungsbereiche

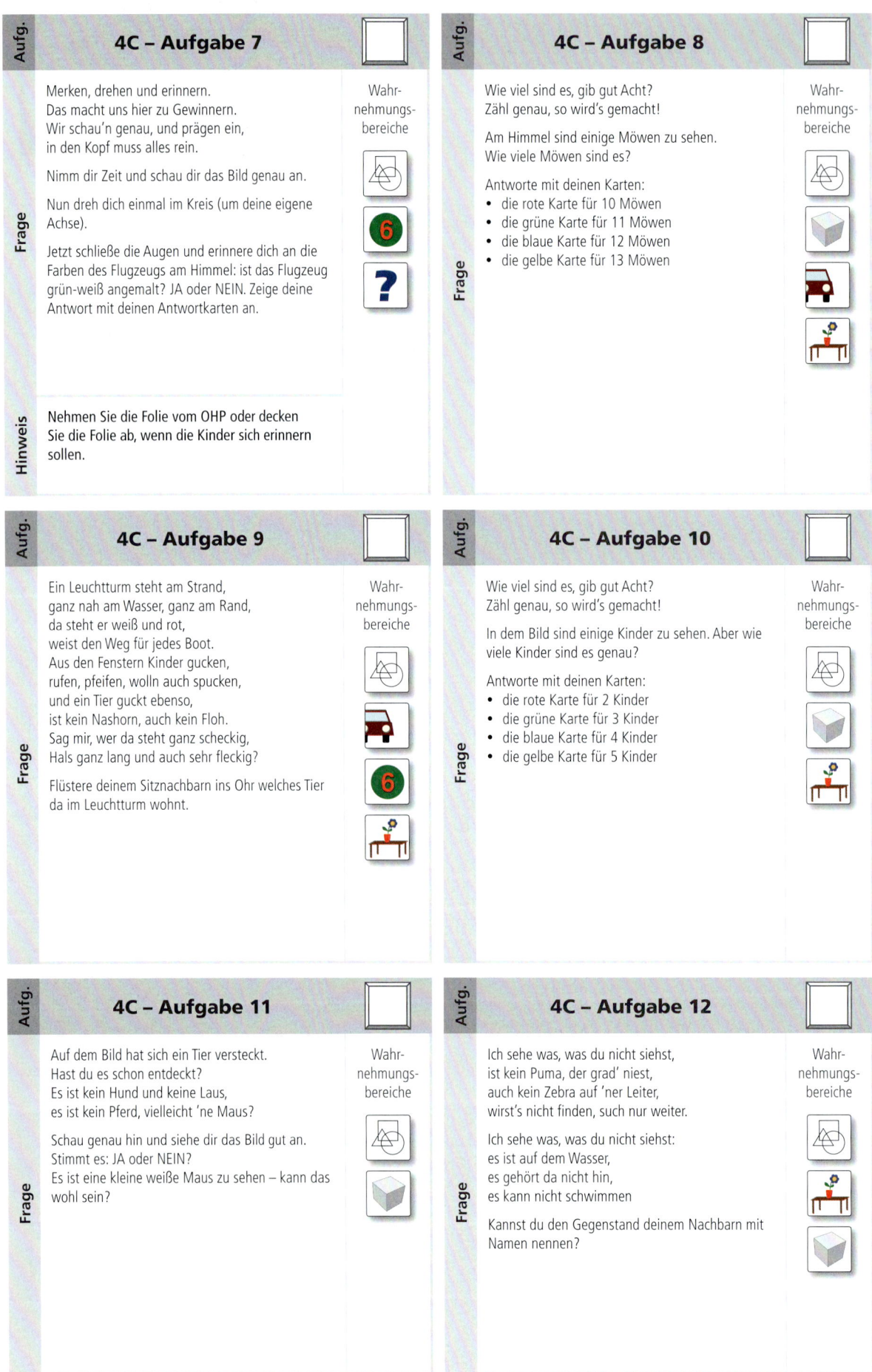

Aufg.	**4C – Variation 1**		Aufg.	**4C – Variation 2**	
Frage	Wie viel sind es, gib gut Acht? Zähl genau, so wird's gemacht! Wie viele Wolken kannst du am Himmel entdecken? Zeige das Ergebnis durch Klatschen an. Klatsche auf mein Zeichen so oft in deine Hände, wie du Wolken entdeckst. Los!	Wahr-nehmungs-bereiche	Frage	Ob links, ob rechts, ist nicht egal, drum schauen wir ein weiteres Mal. In welche Richtung fährt das größte Schiff in diesem Bild? Hebe deinen rechten Arm, wenn es nach rechts fährt. Hebe deinen linken Arm, wenn es nach links fährt.	Wahr-nehmungs-bereiche
			Hinweis	Wenn die Kinder die Raumrichtungen noch nicht sicher bestimmen können, zeigen Sie zusätzlich nach rechts bzw. links, wenn Sie die Frage stellen!	

Aufgaben zu den Bildern Stufe 1 bis 5

Bildreferenz

Stufe: 4

Motivreihe: D

Bildname: „Baum"

4D – Aufgabe 1

Frage

Ob links, ob rechts, ist nicht egal,
drum schauen wir ein weiteres Mal.

In welche Richtung schaut das Eichhörnchen in diesem Bild?

Hebe deinen rechten Arm, wenn es nach rechts fährt.
Hebe deinen linken Arm, wenn es nach links fährt.

Hinweis

Falls die Kinder die Raumrichtungen sicher bestimmen können, bitten Sie die Kinder, die Richtung zu benennen.

Wahrnehmungsbereiche

4D – Aufgabe 2

Frage

Wie viel sind es, gib gut Acht?
Zähl genau, so wird's gemacht!

Ich behaupte, in diesem Bild sind mehr Hände zu sehen, die den Daumen rechts haben, als Hände, die den Daumen links haben.

Was meinst du – stimmst du mir zu?
JA oder NEIN?

Hinweis

Wenn die Kinder die Raumrichtung (rechts/links) noch nicht sicher zuordnen können, zeigen Sie bitte als Hilfestellung in diese Richtung!

Wahrnehmungsbereiche

4D – Aufgabe 3

Frage

Ich sehe was, was du nicht siehst,
ist kein Puma, der grad' niest,
auch kein Zebra auf 'ner Leiter,
wirst's nicht finden, such nur weiter.

Ich sehe was, was du nicht siehst:
Sie ist ganz groß und auch sehr schnittig,
such im Bild, sie ist ganz mittig.
Sie schneidet scharf und auch genau,
ist ne Schere, versteckt und grau.

Stimmt es: JA oder NEIN?
Es ist eine Schere zu sehen – kann das wohl sein?

Wahrnehmungsbereiche

4D – Aufgabe 4

Frage

Wer ist ganz groß, und wer ganz klein?
Schau genau, wer kann das sein?

Im Baum sitzen vier Wellensittiche. Welcher von ihnen ist der größte.

Zeige die Farbe des größten Wellensittichs mit deinen Karten an.

Wahrnehmungsbereiche

4D – Aufgabe 5

Frage

Merken, hüpfen und erinnern.
Das macht uns hier zu Gewinnern.
Wir schau'n genau, und prägen ein,
in den Kopf muss alles rein.

Nimm dir Zeit und schau dir das Bild genau an.
Schau dir den Elch, den Bieber und den Koala sehr gut an.

Hüpfe nun 10-mal auf einem Bein – und dann noch 10-mal auf dem anderen Bein!

Dann schließe die Augen und erinnere dich: welches der drei Tiere, die du dir gerade angeschaut hast, hat einen weißen Bauch?

Antworte mit deinen Karten:
• rote Karte für den Bieber
• grüne Karte für den Elch
• blaue Karte für den Koala

Hinweis

Nehmen Sie die Folie vom OHP oder decken Sie die Folie ab, wenn die Kinder sich erinnern sollen.

Wahrnehmungsbereiche

4D – Aufgabe 6

Frage

Wie viel sind es, gib gut Acht?
Zähl genau, so wird's gemacht!

Wie viele Vögel befinden sich im Baum?

Stimmt es: JA oder NEIN?
Es sind 7 Vögel im Baum zu sehen – kann das wohl sein?

Wahrnehmungsbereiche

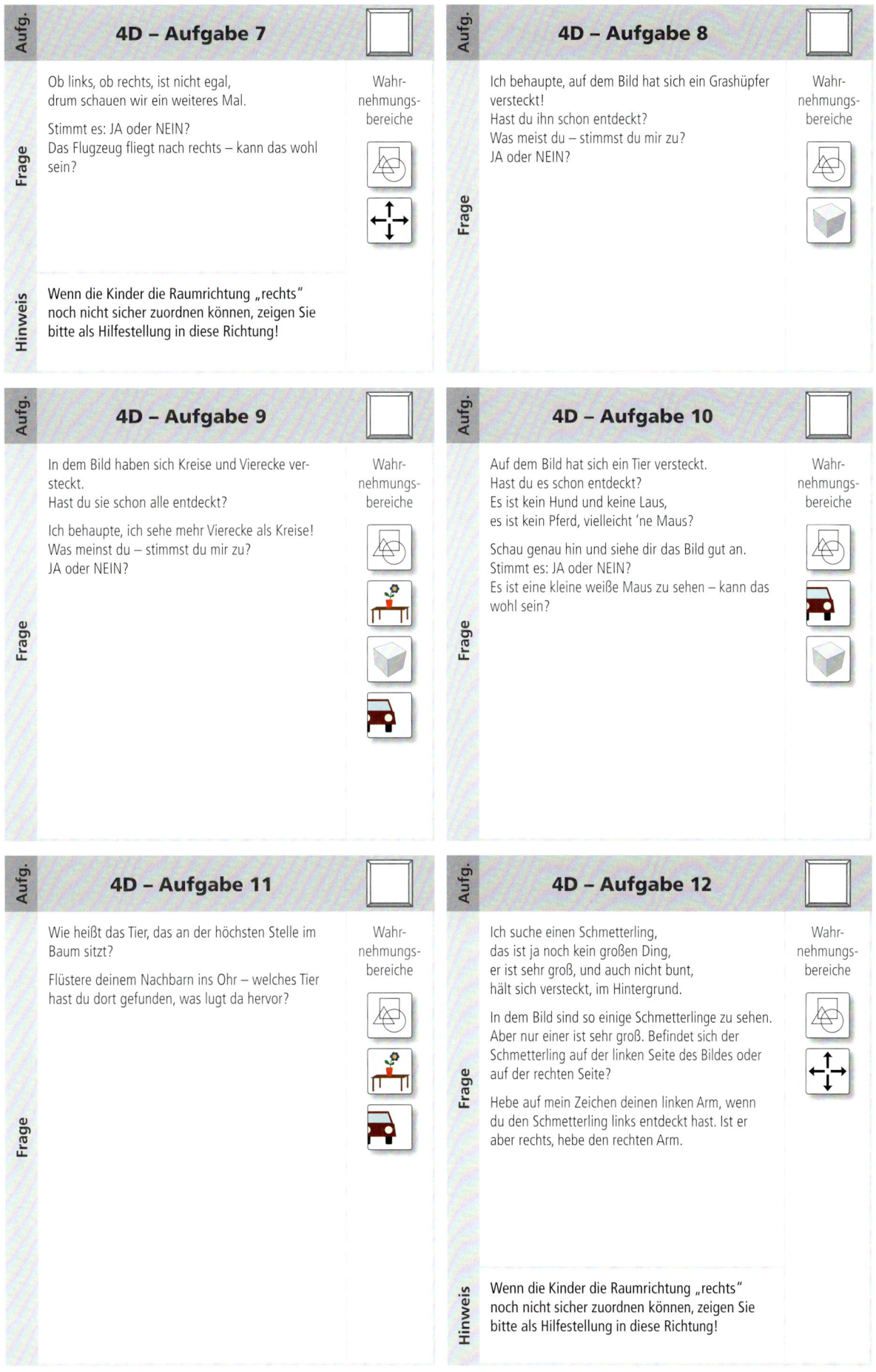

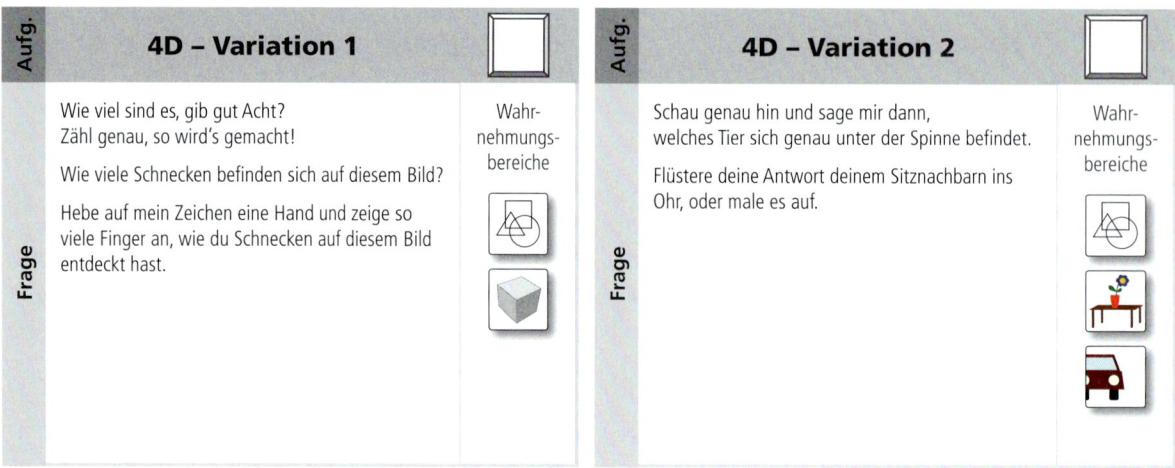

Aufgaben zu den Bildern Stufe 1 bis 5 — 135

Bildreferenz

Stufe: **4**

Motivreihe: **E**

Bildname: **„Setzkasten"**

4E – Aufgabe 1

Frage

Wie viel sind es, gib gut Acht?
Zähl genau, so wird's gemacht!

Wie viele Kinder kannst du in diesem Bild entdecken?

Zeige das Ergebnis durch Klatschen an.
Klatsche auf mein Zeichen so oft in deine Hände, wie du Kinder entdeckst.
Los!

Wahrnehmungsbereiche

4E – Aufgabe 2

Frage

Eins, Zwei, Drei, Vier,
eine Zahl ist doppelt hier.
Fünf, Sechs, Sieben, Acht,
schau genau, so wird's gemacht.

Schau dir die Zahlen auf diesem Bild an. Eine Zahl ist zweimal dabei. Welche ist das?

Zeige die Farbe der Zahl mit deinen Karten an.

Wahrnehmungsbereiche

4E – Aufgabe 3

Frage

Wie viel sind es, gib gut Acht?
Zähl genau, so wird's gemacht!

Schau genau hin und siehe dir das Bild gut an. Ich behaupte, auf dem Bild sind mehr Blumen zu sehen als Bäume?

Was meist du - stimmst du mir zu?
JA oder NEIN?

Wahrnehmungsbereiche

4E – Aufgabe 4

Frage

Spuren, Pfade und auch Zeichen,
folge ihnen, woll'n nicht weichen.
Bis zum Ende wir jetzt gehen,
bleiben erst am Ziele stehen.

Du startest auf dem rosa Feld. Von dort gehst du drei Felder hinunter (Pause), dann zwei Felder nach rechts (Pause) und noch zwei Feld hinunter! Wo kommst du an?

Ich behaupte, du bist bei der bunten „4".
JA oder NEIN – zeige deine Antwort mit deinen Antwortkarten an.

Hinweis

Wenn die Kinder die Raumrichtung „rechts" nicht sicher zuordnen können, zeigen Sie bitte als Hilfestellung in diese Richtung!

Wahrnehmungsbereiche

4E – Aufgabe 5

Frage

Merken, hüpfen und erinnern.
Das macht uns hier zu Gewinnern.
Wir schau'n genau, und prägen ein,
in den Kopf muss alles rein.

Nimm dir Zeit und schau dir die Reihe vom Leuchtturm bis zur Birne genau an.

Hüpfe nun 10-mal auf einem Bein – und dann noch 10-mal auf dem anderen Bein!

Dann schließe die Augen und erinnere dich: war in der Reihe eine Zahl zu sehen?
JA oder NEIN?

Hinweis

Nehmen Sie die Folie vom OHP oder decken Sie die Folie ab, wenn die Kinder sich erinnern sollen.

Wahrnehmungsbereiche

4E – Aufgabe 6

Frage

Wie viel sind es, gib gut Acht?
Zähl genau, so wird's gemacht!

Wie viele Musikinstrumente erkennst du auf dem Bild?

Stampfe auf mein Startzeichen hin so oft mit dem Fuß auf wie du Instrumente findest.
Los!

Wahrnehmungsbereiche

4E – Aufgabe 7

Frage

Spuren, Pfade und auch Zeichen,
folgen ihnen, woll'n nicht weichen.
Bis zum Ende wir jetzt gehen,
bleiben erst am Ziele stehen.

Du startest auf dem gelben Feld. Von dort gehst du soweit nach oben, bis du in einem Feld mit einer Zahl stehst (Pause), dann gehst du so viele Felder nach links, wie es die Zahl anzeigt (Pause). Von dort gehst du ein Feld nach unten und dann solange nach rechts, bis du auf einem Feld mit einem Gegenstand ankommst. Welcher Gegenstand befindet sich auf deinem Feld?

Suche den Gegenstand in deiner Umgebung und halte ihn hoch.

Hinweis

Wenn die Kinder die Raumrichtung „links" und „rechts" noch nicht sicher zuordnen können, zeigen Sie bitte als Hilfestellung in diese Richtungen!

Wahrnehmungsbereiche

4E – Aufgabe 8

Frage

Wie viel sind es, gib gut Acht?
Zähl genau, so wird's gemacht!

Wie viele Bananen kannst du in diesem Bild finden?

Hebe auf mein Zeichen eine Hand und zeige so viele Finger an, wie du Bananen in diesem Bild entdeckt hast.

Wahrnehmungsbereiche

4E – Aufgabe 9

Frage

Eins, Zwei, Drei, Vier,
sind alle Zahlen hier?
Fünf, Sechs, Sieben,
alle hier geschrieben?

Schau genau hin und suche die Zahlen in diesem Bild.
Ich behaupte, es sind die Zahlen von „1" bis „7" zu sehen.

Ist das wahr? NEIN oder JA?

Wahrnehmungsbereiche

4E – Aufgabe 10

Frage

Ich sehe was, was du nicht siehst,
ist kein Puma, der grad' niest,
auch kein Zebra auf 'ner Leiter,
wirst's nicht finden, such nur weiter.

Ich sehe was, was du nicht siehst:
Es ist grün, und auch ein Tier,
welches ist es, sag es mir.

Flüstere deine Antwort deinem Sitznachbarn ins Ohr.

Wahrnehmungsbereiche

4E – Aufgabe 11

Frage

Wer ganz groß, und wer ganz klein?
Schau genau, wer kann das sein?

Welche Farbe hat der größte Luftballon in diesem Bild?

Zeige die Farbe des größten Ballons mit deinen Karten an.

Wahrnehmungsbereiche

4E – Aufgabe 12

Frage

Auf dem Bild hat sich ein Tier versteckt.
Hast du es schon entdeckt?
Es ist kein Hund und keine Laus,
es ist kein Pferd, vielleicht 'ne Maus?

Schau genau hin und siehe dir das Bild gut an.
Stimmt es: JA oder NEIN?
Es ist eine kleine weiße Maus zu sehen – kann das wohl sein?

Wahrnehmungsbereiche

Aufgaben zu den Bildern Stufe 1 bis 5 — 137

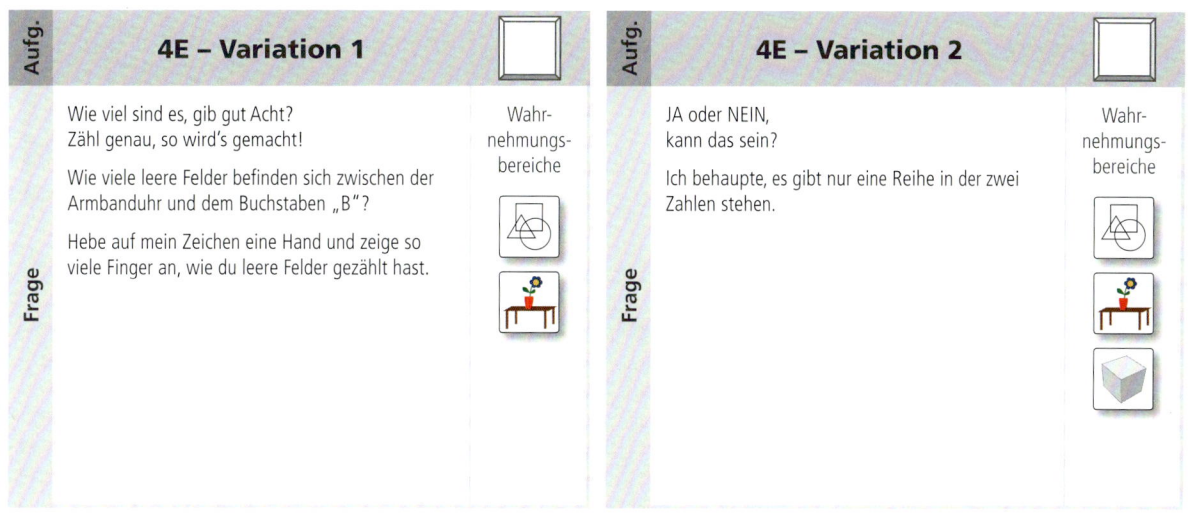

Aufg.	4E – Variation 1	
Frage	Wie viel sind es, gib gut Acht? Zähl genau, so wird's gemacht! Wie viele leere Felder befinden sich zwischen der Armbanduhr und dem Buchstaben „B"? Hebe auf mein Zeichen eine Hand und zeige so viele Finger an, wie du leere Felder gezählt hast.	Wahr-nehmungs-bereiche

Aufg.	4E – Variation 2	
Frage	JA oder NEIN, kann das sein? Ich behaupte, es gibt nur eine Reihe in der zwei Zahlen stehen.	Wahr-nehmungs-bereiche

Bildreferenz

Stufe: 5

Motivreihe: A

Bildname: „Allerlei"

5A – Aufgabe 1

Frage:
Ob links, ob rechts, ist nicht egal,
drum schauen wir ein weiteres Mal.

Schau dir den Bereich mit den Fischen an. Ein orangener Fisch ist dort zu sehen. In welche Richtung schwimmt der Fisch?

Strecke auf mein Zeichen deinen linken Arm nach oben, wenn er nach links schwimmt.
Strecke den rechten Arm nach oben, wenn er nach rechts schwimmt.

Hinweis:
Wenn die Kinder die Raumrichtungen noch nicht sicher bestimmen können, zeigen Sie zusätzlich nach rechts oder links, wenn Sie die Frage stellen!

Wahrnehmungsbereiche

5A – Aufgabe 2

Frage:
Wie viel sind es, gib gut Acht?
Zähl genau, so wird's gemacht!

Sieh dir die Maske links unten im Bild neben der 8 genau an.
Sie sieht aus, wie ein Vogel.

Ich behaupte, diese Maske gibt es genau viermal in diesem Bild.
JA oder NEIN? Kann das wohl sein?

Wahrnehmungsbereiche

5A – Aufgabe 3

Frage:
Ist es korrekt, wahr und richtig,
oder Quatsch, falsch und nichtig?

Ich behaupte, in dem Bild befinden sich die Zahlen „9", „15" und „17".
JA oder NEIN?
Kann das wohl sein?

Wahrnehmungsbereiche

5A – Aufgabe 4

Frage:
Rot, grün, gelb oder blau,
schwarz, weiß oder grau,
wir wollen es wissen, schau'n genau.

In welcher Farbe wurde das Wort „Dreieck" geschrieben?

Zeige die Farbe des Wortes mit deinen Farbkarten an!

Hinweis:
Falls die Kinder noch nicht lesen können, schreiben Sie das Wort als Hilfestellung an die Tafel. So haben die Kinder eine Vergleichsmöglichkeit.

Wahrnehmungsbereiche

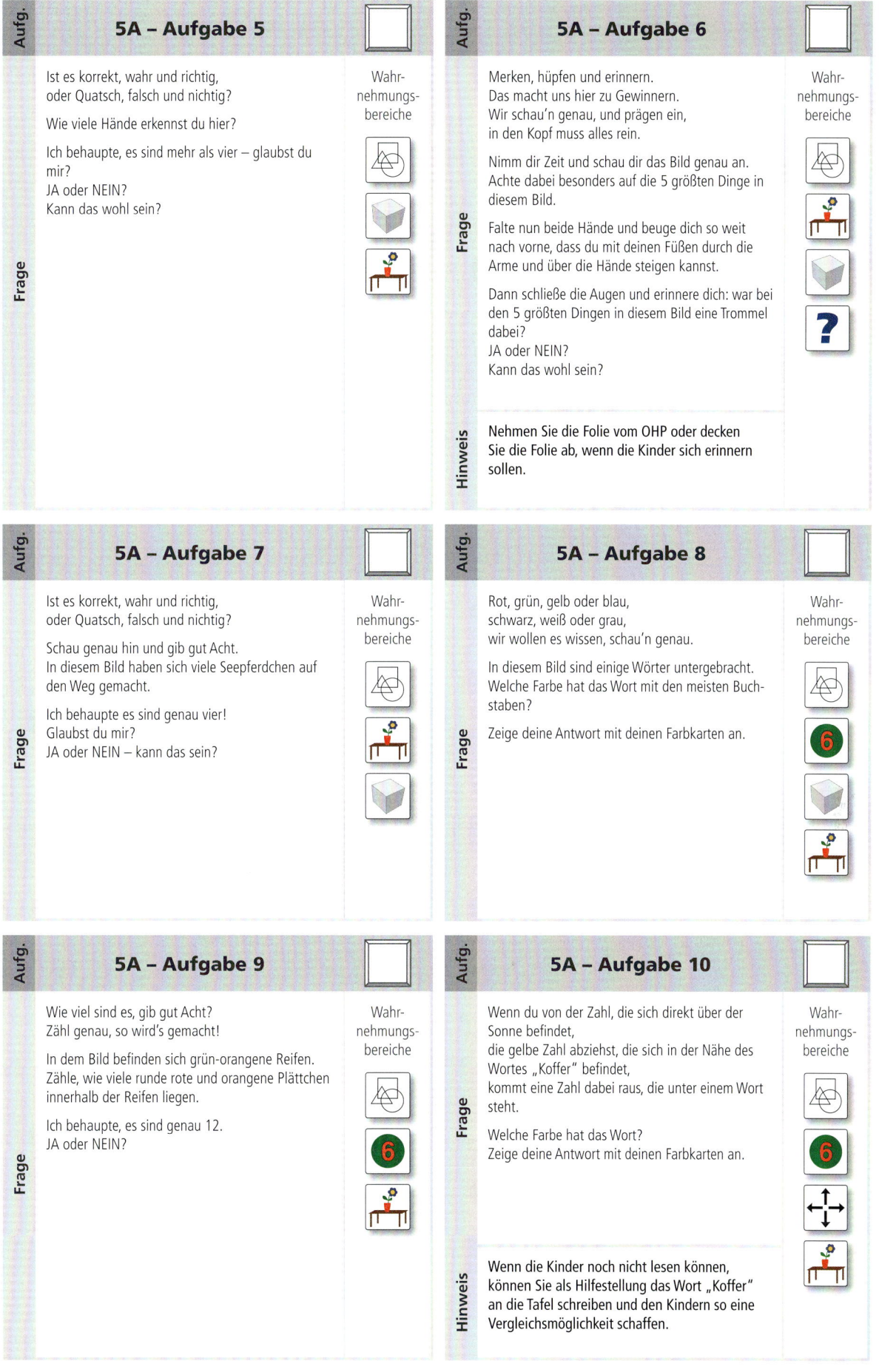

5A – Aufgabe 23

Frage

Wie viel sind es, gib gut Acht?
Zähl genau, so wird's gemacht!

In der Mitte des Bildes befindet sich ein Strichmännchen, genau gesagt ist es ein Mädchen. Wie viele gerade Linien musst du Zeichnen, wenn du das Mädchen ohne ihren Kopf abmalen möchtest?

Zeige die Antwort durch Klatschen an. Klatsche auf mein Zeichen so oft in deine Hände, wie du gerade Linien siehst.
Los!

Wahrnehmungsbereiche

5A – Aufgabe 24

Frage

Ich sehe was, was du nicht siehst,
ist kein Puma, der grad' niest,
auch kein Zebra auf 'ner Leiter,
wirst's nicht finden, such nur weiter.

Ich sehe was, was du nicht siehst:
- wenn ich die Zahl „4" mit der großen blauen Maske durch eine Linie verbinden würde, dann würde die Linie dadurch laufen
- wenn ich die Zahl „8" mit dem roten Buch durch eine Linie verbinden würde, dann würde die Linie auch dadurch laufen
- wenn ich die Zahl „23" mit der Geige durch eine Linie verbinden würde, dann würde auch diese Linie dadurch laufen

Flüstere deinem Sitznachbarn den Namen des Gegenstandes ins Ohr.

Wahrnehmungsbereiche

5A – Variation 1

Frage

Wie viel sind es, gib gut Acht?
Zähl genau, so wird's gemacht!

Wie viele Arme kannst du in diesem Bild entdecken?

Ich behaupte, ich kann insgesamt 7 Arme sehen.
JA oder NEIN?
Kann das wohl sein?

Wahrnehmungsbereiche

5A – Variation 2

Frage

Merken, drehen und erinnern.
Das macht uns hier zu Gewinnern.
Wir schau'n genau, und prägen ein,
in den Kopf muss alles rein.

Nimm dir Zeit und schau dir in dem Bild die Maus, den Hut und den Koffer genau an.

Nun dreh dich einmal im Kreis (um deine eigene Achse).

Jetzt schließe die Augen und erinnere dich: welcher Arm des Strichmännchens hält den Koffer? Der rechte oder der linke Arm? Beachte, dass das Strichmännchen dir zugewandt ist.

Strecke auf mein Zeichen deinen linken Arm nach oben, wenn er den Koffer mit dem linken Arm hält. Strecke den rechten Arm nach oben, wenn er den Koffer mit dem rechten Arm hält.

Hinweis

Zeigen Sie ggf. die Raumrichtungen an, wenn Sie die Frage stellen.

Wahrnehmungsbereiche

Aufgaben zu den Bildern Stufe 1 bis 5 — 143

Bildreferenz

Stufe: **5**

Motivreihe: **B**

Bildname: **„Tafeldienst"**

5B – Aufgabe 1

Frage

Spuren, Pfade und auch Zeichen,
folgen ihnen, woll'n nicht weichen.
Bis zum Ende wir jetzt gehen,
bleiben erst am Ziele stehen.

Ein Hase ist über die Tafel gehoppelt und hat mit seinen Pfoten eine Spur hinterlassen.
Die Spur verrät uns, wo der Hase hergekommen ist.
Welches Tier hat der Hase zuletzt besucht?

Zeige mit deinen Karten an:
- zeige die rote Karte für einen Hund
- zeige die gelbe Karte für eine Katze
- zeige die grüne Karte für einen Fisch
- zeige die blaue Karte für einen Vogel

Wahrnehmungsbereiche

5B – Aufgabe 2

Frage

Ballons an der Tafel, rot, gelb und blau,
mit Zahlen beschrieben, wir rechnen, sind schlau.

An der Tafel siehst du einige Ballons in unterschiedlichen Farben mit Zahlen beschriftet.

Wenn wir die Zahl des gelben Ballons mit der Zahl des blauen Ballons addieren (zusammenrechnen), kommt als Ergebnis eine Zahl heraus, die auf einem anderen Ballon steht. Welche Farbe hat der Ballon, auf dem das Ergebnis steht?

Zeige die Farbe mit deiner Antwortkarte.

Wahrnehmungsbereiche

5B – Aufgabe 3

Frage

Such die Sonne und ein Boot,
das eine gelb, das andere rot.
Im Wasser drei Sachen stehen im Licht,
zwei gehören da hin, eines nicht.

Was befindet sich im Wasser unter der Sonne, obwohl man sowas eigentlich nicht im Wasser findet? Was ist falsch?

Zeige mit deinen Antwortkarten die Farbe der Sache, die dort nicht hingehört.

Wahrnehmungsbereiche

5B – Aufgabe 4

Frage

Ganz unten auf dem Bild steht eine Rechenaufgabe. Allerdings ist die Aufgabe fast ausgewischt!

Trotzdem möchte ich das Ergebnis der Aufgabe wissen.

Zeige mit deinen Karten das Ergebnis an:
- zeige die rote Karte für 12
- zeige die gelbe Karte für 21
- zeige die grüne Karte für 31
- zeige die blaue Karte für 27

Wahrnehmungsbereiche

5B – Aufgabe 5

Frage

Merken, hüpfen und erinnern.
Das macht uns hier zu Gewinnern.
Wir schau'n genau, und prägen ein,
in den Kopf muss alles rein.

Nimm dir eine Minute Zeit und schau dir das Bild genau an. Achte dabei besonders auf das Haus.

Falte nun beide Hände und beuge dich so weit nach vorne, dass du mit deinen Füßen durch die Arme und über die Hände steigen kannst.

Nun setz dich hin, schließe die Augen und erinnere dich!

Neben dem Haus ist ein Auto zu sehen. Welche Farbe hat das Auto?
Zeige die Farbe mit deiner Antwortkarte.

Wahrnehmungsbereiche

Hinweis

Nehmen Sie die Folie vom OHP oder decken Sie die Folie ab, wenn die Kinder sich erinnern sollen.

5B – Aufgabe 6

Frage

Sieh dir das Haus mal ganz genau an,
so viele Buchstaben darin und daran.

Wie viele unterschiedliche Buchstaben findest du, wenn du dir nur das rote Dach des Hauses ansiehst? Zähle nur unterschiedliche Buchstaben!

Zeige mit deinen Karten die Anzahl der unterschiedlichen Buchstaben an:
- zeige die rote Karte für 2 unterschiedliche Buchstaben
- zeige die gelbe Karte für 3 unterschiedliche Buchstaben
- zeige die grüne Karte für 4 unterschiedliche Buchstaben

Wahrnehmungsbereiche

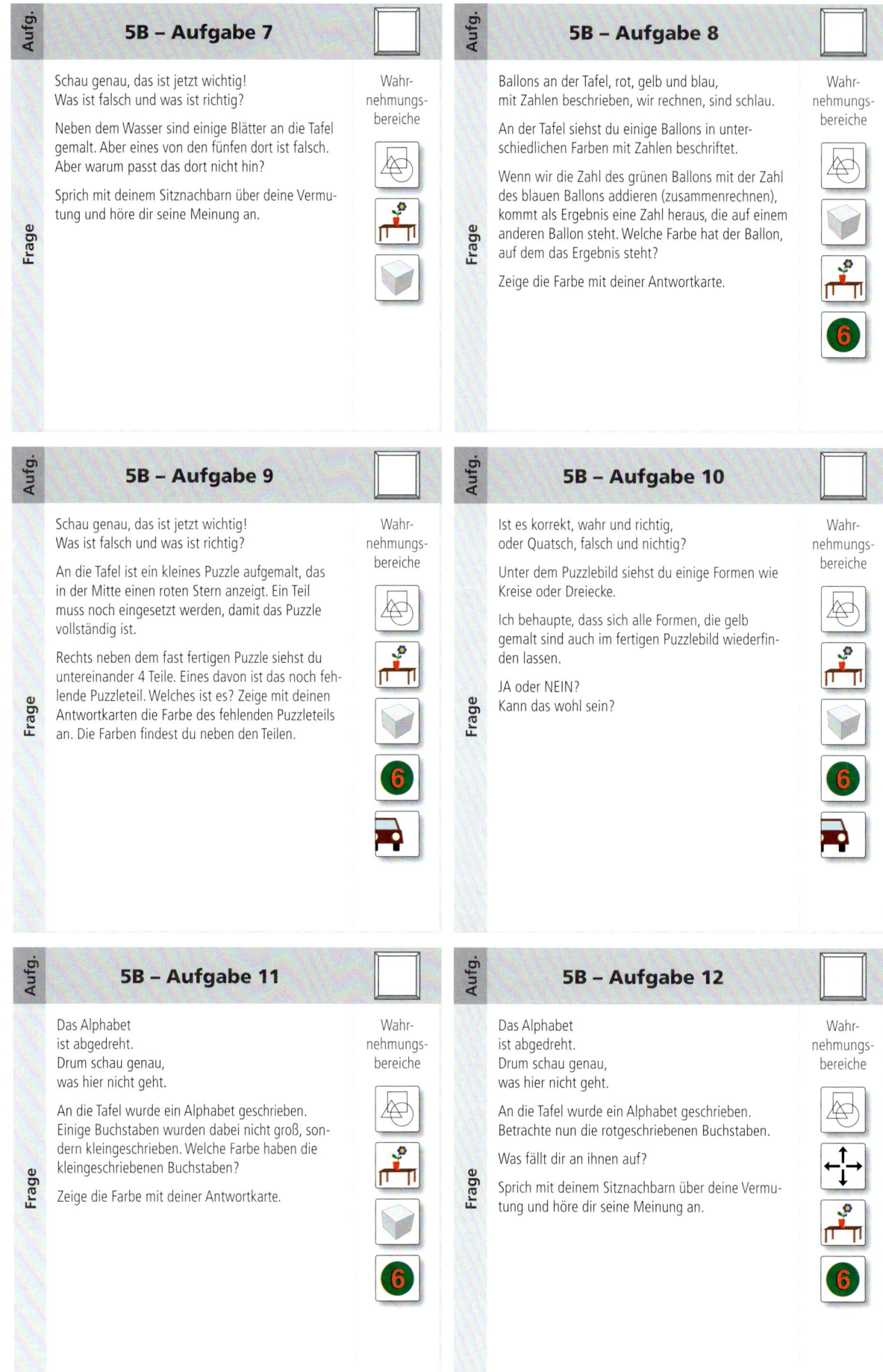

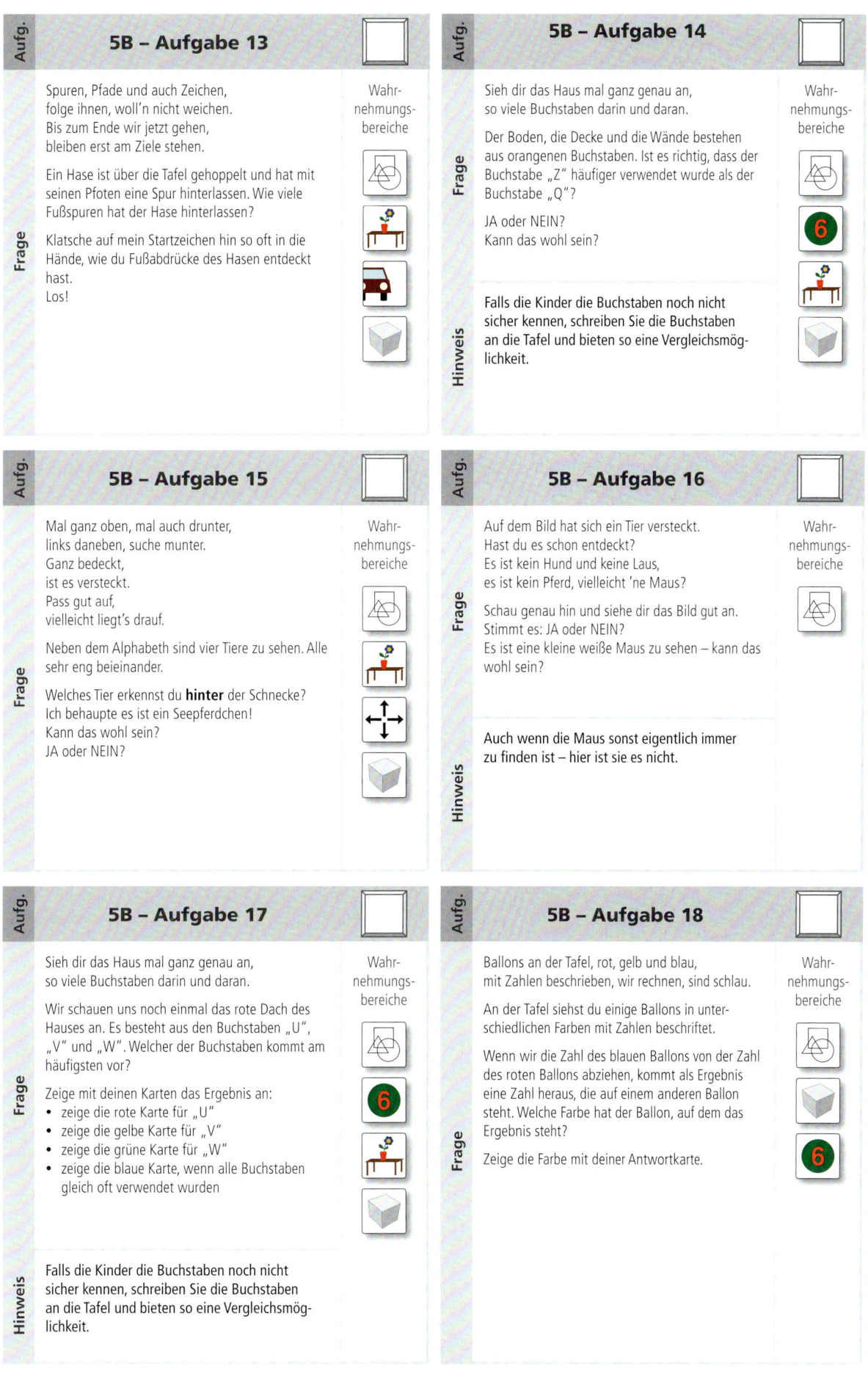

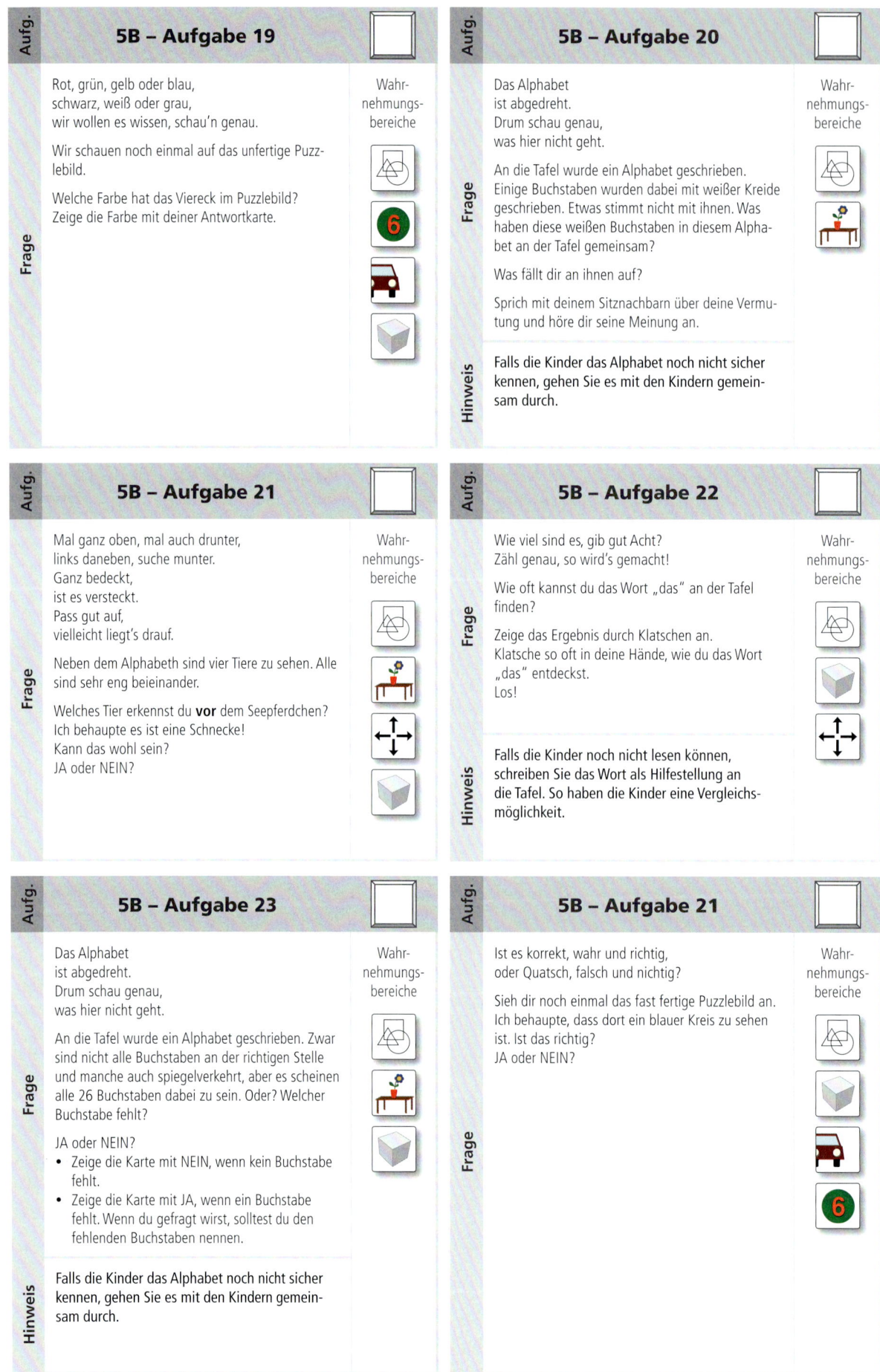

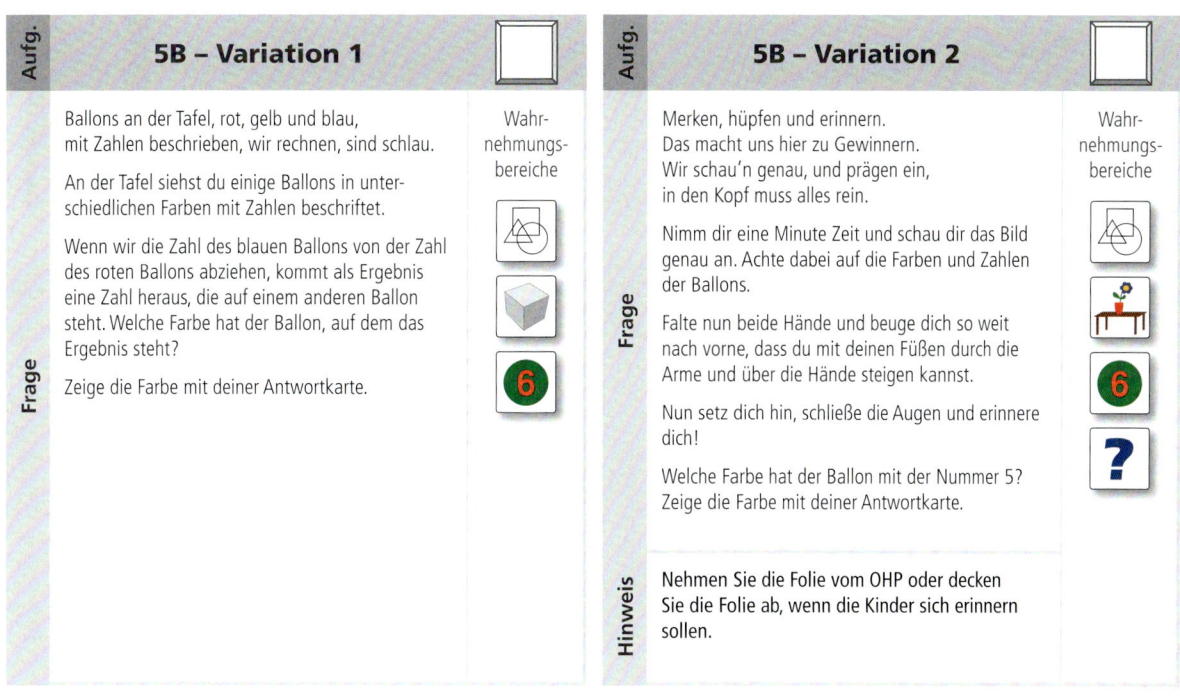

5B – Variation 1

Ballons an der Tafel, rot, gelb und blau,
mit Zahlen beschrieben, wir rechnen, sind schlau.

An der Tafel siehst du einige Ballons in unterschiedlichen Farben mit Zahlen beschriftet.

Wenn wir die Zahl des blauen Ballons von der Zahl des roten Ballons abziehen, kommt als Ergebnis eine Zahl heraus, die auf einem anderen Ballon steht. Welche Farbe hat der Ballon, auf dem das Ergebnis steht?

Zeige die Farbe mit deiner Antwortkarte.

Wahrnehmungsbereiche

5B – Variation 2

Merken, hüpfen und erinnern.
Das macht uns hier zu Gewinnern.
Wir schau'n genau, und prägen ein,
in den Kopf muss alles rein.

Nimm dir eine Minute Zeit und schau dir das Bild genau an. Achte dabei auf die Farben und Zahlen der Ballons.

Falte nun beide Hände und beuge dich so weit nach vorne, dass du mit deinen Füßen durch die Arme und über die Hände steigen kannst.

Nun setz dich hin, schließe die Augen und erinnere dich!

Welche Farbe hat der Ballon mit der Nummer 5?
Zeige die Farbe mit deiner Antwortkarte.

Wahrnehmungsbereiche

Hinweis: Nehmen Sie die Folie vom OHP oder decken Sie die Folie ab, wenn die Kinder sich erinnern sollen.

148 — Aufgaben zu den Bildern Stufe 1 bis 5

Bildreferenz

Stufe: 5

Motivreihe: C

Bildname: „Schlüsselloch"

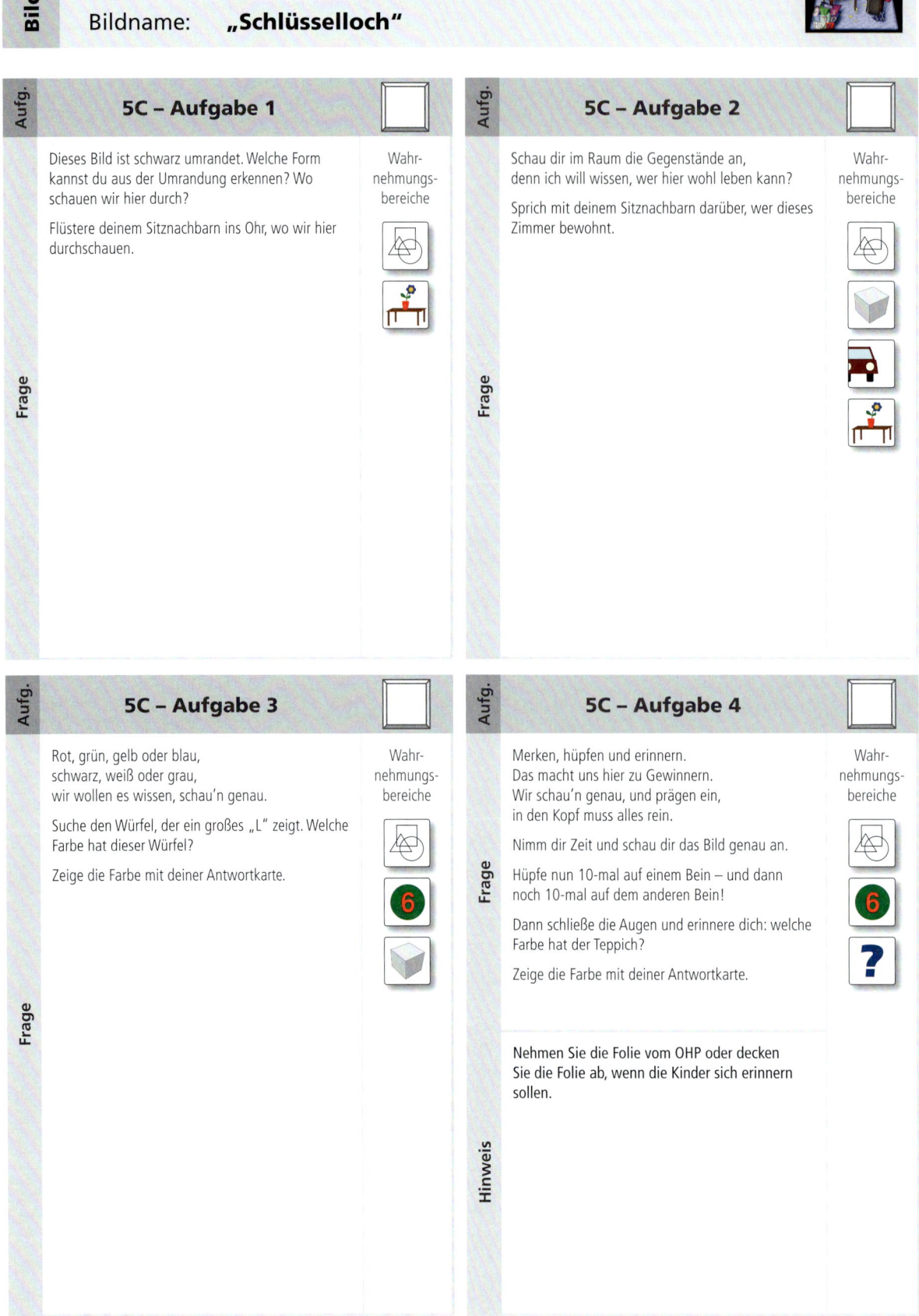

5C – Aufgabe 1

Dieses Bild ist schwarz umrandet. Welche Form kannst du aus der Umrandung erkennen? Wo schauen wir hier durch?

Flüstere deinem Sitznachbarn ins Ohr, wo wir hier durchschauen.

Wahrnehmungsbereiche

5C – Aufgabe 2

Schau dir im Raum die Gegenstände an, denn ich will wissen, wer hier wohl leben kann?

Sprich mit deinem Sitznachbarn darüber, wer dieses Zimmer bewohnt.

Wahrnehmungsbereiche

5C – Aufgabe 3

Rot, grün, gelb oder blau,
schwarz, weiß oder grau,
wir wollen es wissen, schau'n genau.

Suche den Würfel, der ein großes „L" zeigt. Welche Farbe hat dieser Würfel?

Zeige die Farbe mit deiner Antwortkarte.

Wahrnehmungsbereiche

5C – Aufgabe 4

Merken, hüpfen und erinnern.
Das macht uns hier zu Gewinnern.
Wir schau'n genau, und prägen ein,
in den Kopf muss alles rein.

Nimm dir Zeit und schau dir das Bild genau an.

Hüpfe nun 10-mal auf einem Bein – und dann noch 10-mal auf dem anderen Bein!

Dann schließe die Augen und erinnere dich: welche Farbe hat der Teppich?

Zeige die Farbe mit deiner Antwortkarte.

Wahrnehmungsbereiche

Hinweis: Nehmen Sie die Folie vom OHP oder decken Sie die Folie ab, wenn die Kinder sich erinnern sollen.

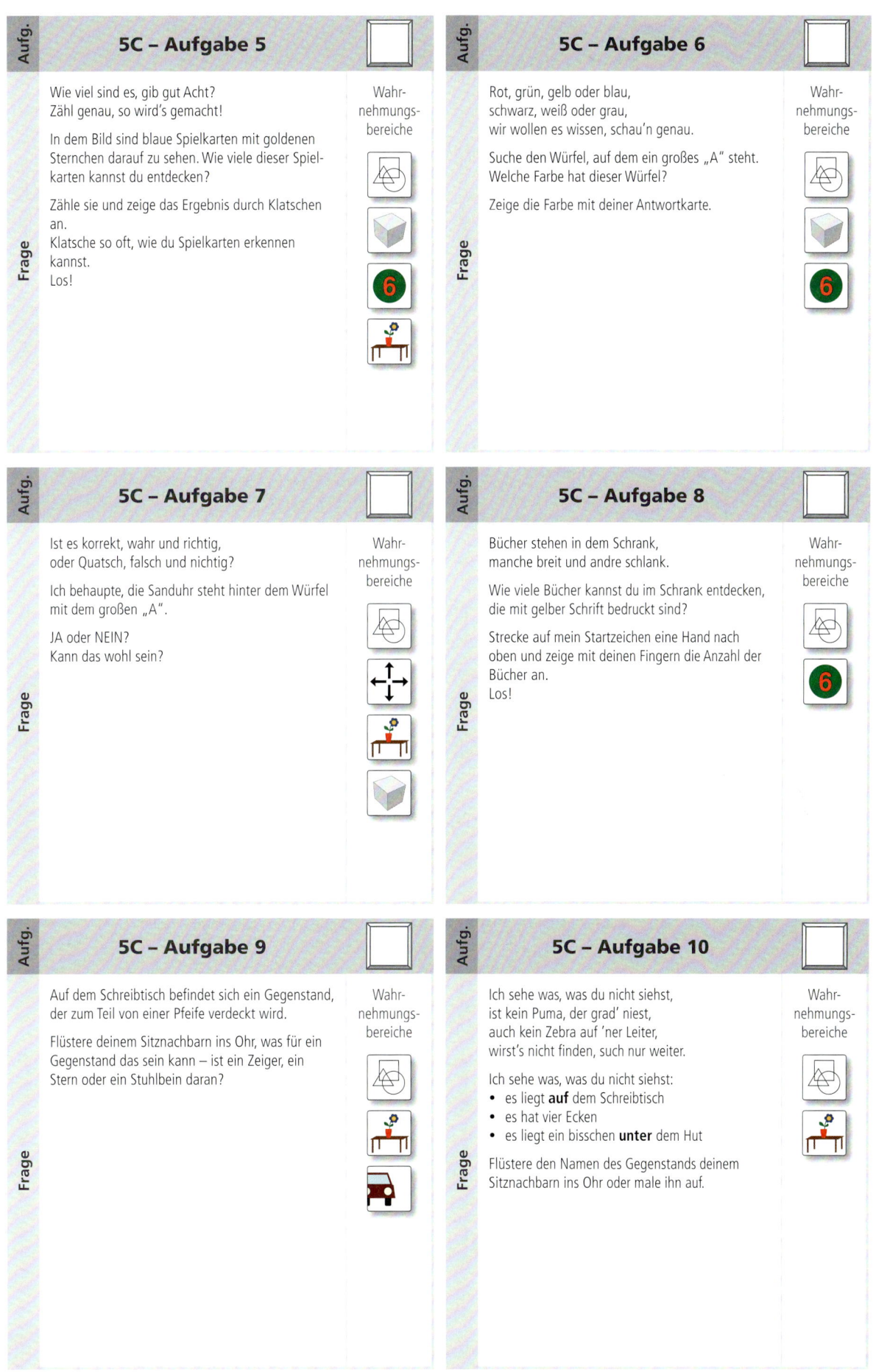

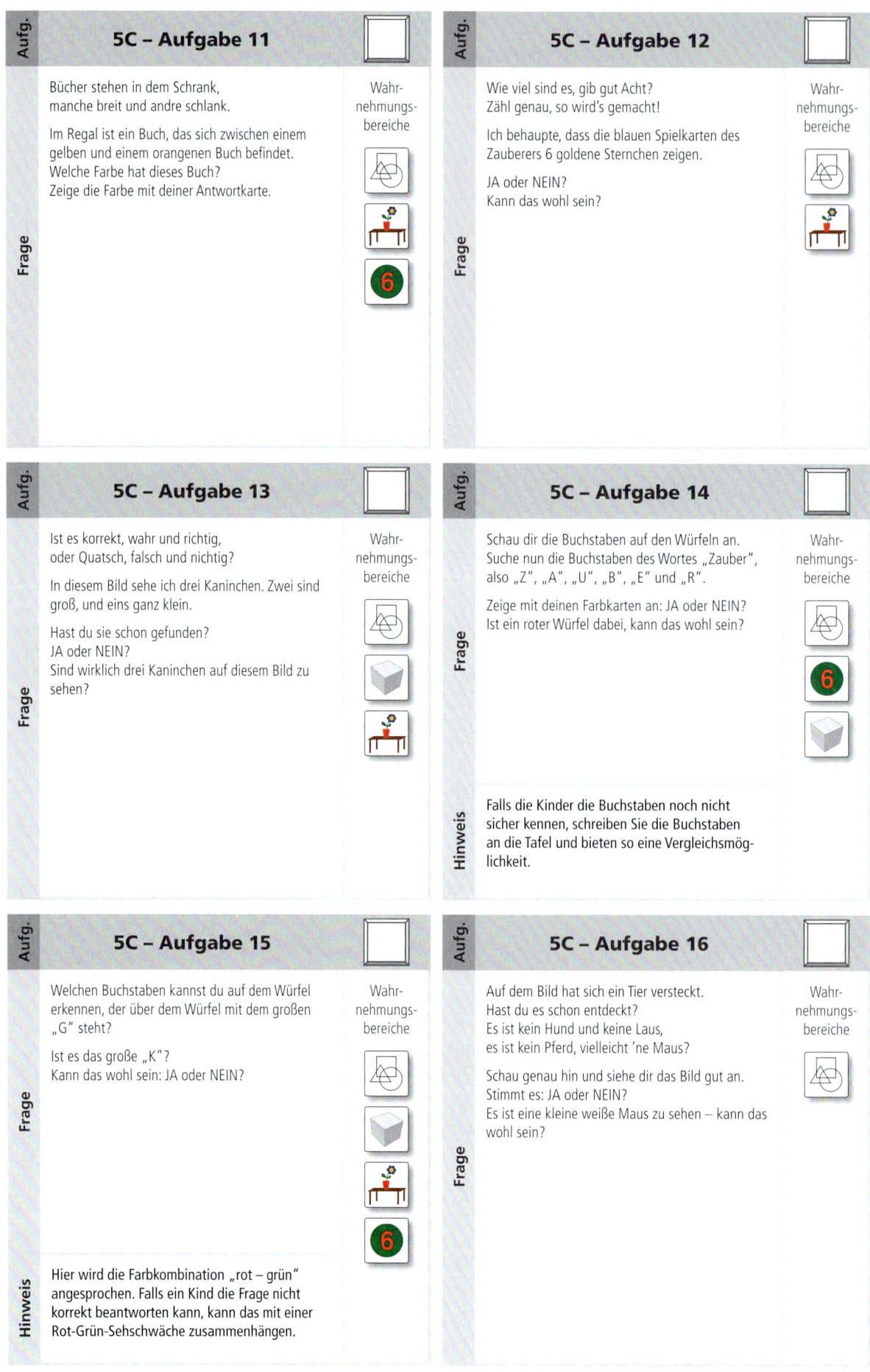

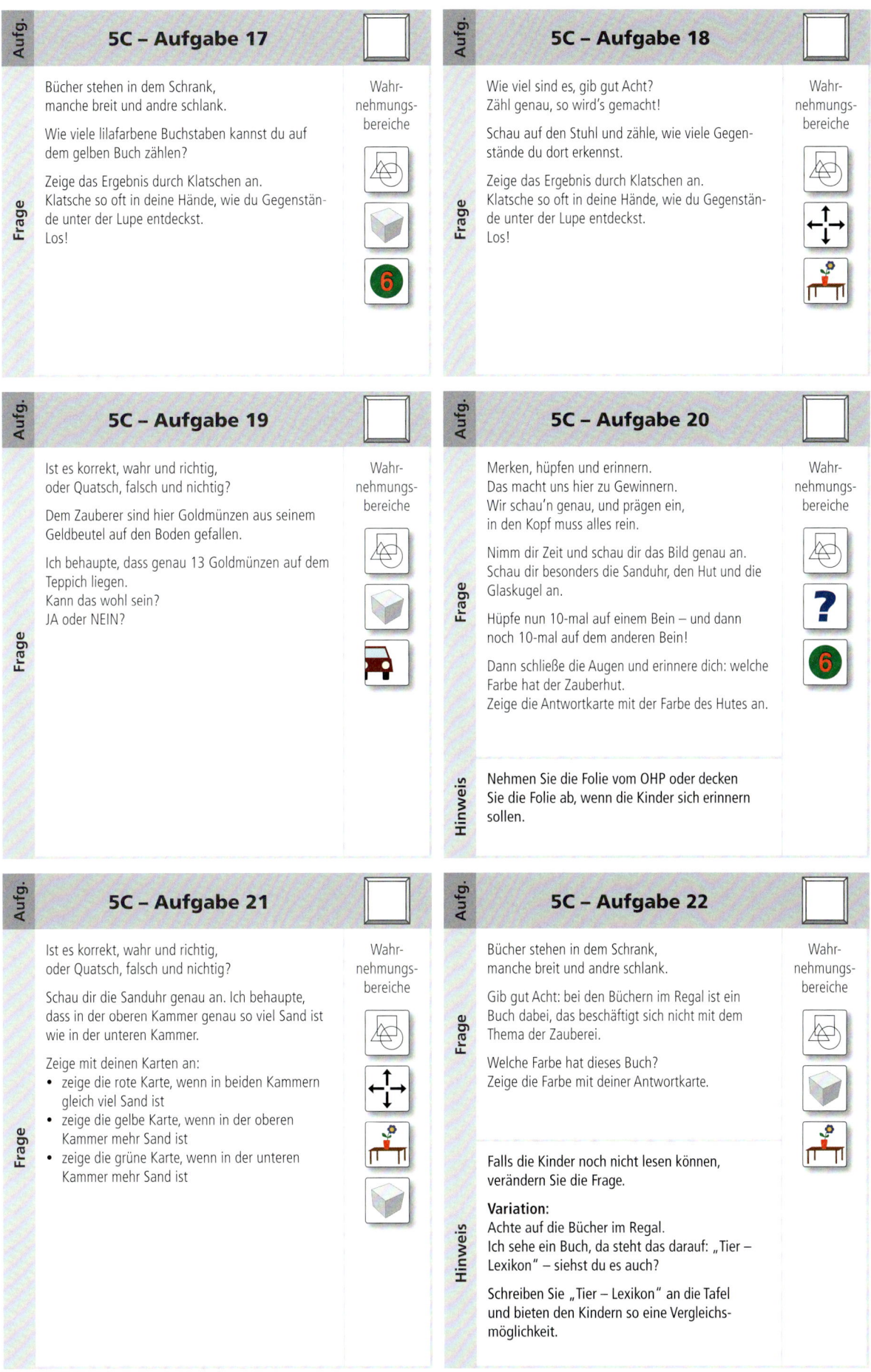

5C – Aufgabe 23

Rot, grün, gelb oder blau,
schwarz, weiß oder grau,
wir wollen es wissen, schau'n genau.

Welche Farbe hat der Würfel, der sich zwischen dem Würfel mit dem „R" und dem „S" befindet?

Zeige die Farbe mit deiner Antwortkarte.

Wahrnehmungsbereiche

5C – Aufgabe 24

Ist es korrekt, wahr und richtig,
oder Quatsch, falsch und nichtig?

Ich behaupte, die beiden weißen Handschuhe befinden sich **auf** dem Stuhl, aber **unter** dem Zauberstab.

Kann das wohl sein?
JA oder NEIN?

Wahrnehmungsbereiche

5C – Variation 1

Bücher stehen in dem Schrank,
manche breit und andre schlank.

Oben im Schrank liegt ein dickes rotes Buch. Der Titel des Buches ist schwer zu lesen, da das Buch auf dem Kopf liegt. Kannst du trotzdem erkennen, wie oft der Buchstabe „e" auf den Buchrücken steht?

Ich behaupte, dass das „e" dort 5-mal geschrieben steht.
Kann das wohl sein?
JA oder NEIN?

Wahrnehmungsbereiche

5C – Variation 2

Ist es korrekt, wahr und richtig,
oder Quatsch, falsch und nichtig?

Ich behaupte dass in dem Bild zwei Uhren zu sehen sind.

Gibst du mir Recht?
JA oder NEIN?

Wahrnehmungsbereiche

Aufgaben zu den Bildern Stufe 1 bis 5 — 153

Bildreferenz

Stufe: **5**

Motivreihe: **D**

Bildname: **„Tierspirale"**

5D – Aufgabe 1

Frage

Wie viel sind es, gib gut Acht?
Zähl genau, so wird's gemacht!

Wie viele Dinosaurier kannst du auf der Spirale finden?

Strecke auf mein Startzeichen eine Hand nach oben und zeige mit deinen Fingern die fehlende Zahl an. Los!

Wahrnehmungsbereiche

5D – Aufgabe 2

Frage

Ob links, ob rechts, ist nicht egal,
drum schauen wir ein weiteres Mal.

Welches Tier kannst du rechts neben dem Hirsch entdecken?

Ich behaupte, es ist ein Tier, das wie der Hirsch auch im Wald lebt. Stimmst du mir zu?

JA oder NEIN?

Hinweis

Wenn die Kinder die Raumrichtungen noch nicht sicher bestimmen können, zeigen Sie zusätzlich nach rechts, wenn Sie die Frage stellen!

Wahrnehmungsbereiche

5D – Aufgabe 3

Frage

Wer ist ganz groß, und wer ganz klein?
Schau genau, wer kann das sein?

Schau genau hin und sieh dir die Vögel auf der Stange an.
Welche Farbe hat der kleinste Vogel auf der Stange?

Zeige die Farbe mit deiner Antwortkarte.

Wahrnehmungsbereiche

5D – Aufgabe 4

Frage

Wie viel sind es, gib gut Acht?
Zähl genau, so wird's gemacht!

Wie viele Insekten kannst du auf der Spirale finden?

Zeige das Ergebnis durch Klatschen an.
Klatsche so oft in deine Hände, wie du Insekten entdeckst.
Los!

Wahrnehmungsbereiche

5D – Aufgabe 5

Frage

Lies genau und schau gut hin,
es geht um die Buchstaben,
wie viele sind drin?

Wie viele Buchstaben hat das blaugeschriebene Wort?

Stampfe auf mein Startzeichen hin so oft mit einem Fuß auf, wie du Buchstaben im blauen Wort erkennen kannst.
Los!

Wahrnehmungsbereiche

5D – Aufgabe 6

Frage

Wie viel sind es, gib gut Acht?
Zähl genau, so wird's gemacht!

In diesem Bild sind drei Sachen versteckt, mit denen Menschen sich fortbewegen können.
Auf welcher Seite des Bildes ist nur ein Fortbewegungsmittel zu sehen? Rechts oder links?

Strecke auf mein Zeichen deinen linken Arm nach oben, wenn deine Antwort „links" lautet.
Strecke den rechten Arm nach oben, wenn deine Antwort „rechts" lautet.

Hinweis

Wenn die Kinder die Raumrichtungen noch nicht sicher bestimmen können, zeigen Sie zusätzlich nach rechts bzw. links, wenn Sie die Frage stellen!

Wahrnehmungsbereiche

5D – Aufgabe 13

Koala, Panda und noch mehr,
viele Tiere heißen Bär.

Schau genau hin und sieh dir das Bild gut an. Wie viele Bären findest du hier?

Zeige mit deinen Karten an:
- zeige die rote Karte für 3 Bären
- zeige die gelbe Karte für 4 Bären
- zeige die grüne Karte für 5 Bären
- zeige die blaue Karte für 6 Bären

5D – Aufgabe 14

Manche sind doppelt, und andere allein.
Finde die Paare, so soll das jetzt sein.

Welches der folgenden Tiere ist **nicht** zweimal auf der Spirale zu sehen?
Pinguin – Esel – Hund

Zeige mit deinen Karten an:
- zeige die rote Karte für den Pinguin
- zeige die gelbe Karte für den Esel
- zeige die blaue Karte für den Hund

5D – Aufgabe 15

Ich sehe was, was du nicht siehst,
ist kein Puma, der grad' niest,
auch kein Zebra auf 'ner Leiter,
wirst's nicht finden, such nur weiter.

Ich sehe was, was du nicht siehst:
es kann fliegen und befindet sich neben einem roten Tier mit sechs Beinen.

Welche Farbe hat das Tier?
Zeige die Farbe mit deiner Antwortkarte.

5D – Aufgabe 16

Schau genau, das ist jetzt wichtig!
Was ist falsch und was ist richtig?

Was von den folgenden Dingen befindet sich nicht in diesem Bild?
Regenschirm – Heißluftballon – Auto – Baum

Zeige mit deinen Karten an:
- zeige die rote Karte für eine Sache, die nicht dabei ist
- zeige die gelbe Karte für zwei Dinge, die nicht dabei sind
- zeige die blaue Karte, wenn alle Dinge dabei sind

5D – Aufgabe 17

Wie viel sind es, gib gut Acht?
Zähl genau, so wird's gemacht!

Wie viele Dinge kannst du auf den Spiralen entdecken, die keine Tiere sind?

Zeige mit deinen Karten an:
- zeige die rote Karte für 3 Dinge
- zeige die gelbe Karte für 4 Dinge
- zeige die blaue Karte für 5 Dinge
- zeige die grüne Karte für mehr als 5 Dinge

5D – Aufgabe 18

Rot, grün, gelb oder blau,
schwarz, weiß oder grau,
wir wollen es wissen, schau'n genau.

Ich behaupte, dass sich auf den Spiralen mehr grüne als graue Tiere befinden.

JA oder NEIN?
Kann das wohl sein?

Aufgaben zu den Bildern Stufe 1 bis 5

5D – Aufgabe 19

Frage

Lies genau und schau gut hin,
es geht um die Buchstaben,
wie viele sind drin?

Wie viele Buchstaben kannst du im Hintergrund des Bildes entdecken?

Zeige mit deinen Karten an:
- zeige die rote Karte für 2 Buchstaben
- zeige die gelbe Karte für 4 Buchstaben
- zeige die blaue Karte für 5 Buchstaben
- zeige die grüne Karte für 6 Buchstaben

Wahrnehmungsbereiche

5D – Aufgabe 20

Frage

Wie viel sind es, gib gut Acht?
Zähl genau, so wird's gemacht!

Wie viele Tiere kannst du auf den Spiralen entdecken, die fliegen können oder zumindest Flügel haben?

Zeige das Ergebnis durch Klatschen an. Klatsche so oft in deine Hände, wie du Tiere, die fliegen können oder Flügel haben, entdeckst.
Los!

Wahrnehmungsbereiche

5D – Aufgabe 21

Frage

Ist es korrekt, wahr und richtig,
oder Quatsch, falsch und nichtig?

Ich behaupte, dass es auf der Spirale genauso viele Schafe wie Katzen und Raubkatzen zu entdecken gibt.

JA oder NEIN?
Kann das wohl sein?

Wahrnehmungsbereiche

5D – Aufgabe 22

Frage

Ich sehe was, was du nicht siehst,
ist kein Puma, der grad' niest,
auch kein Zebra auf 'ner Leiter,
wirst's nicht finden, such nur weiter.

Ich sehe was, was du nicht siehst:
es hat einen Schnabel und sitzt neben einem Tier, das sich normalerweise springend fortbewegt.

Welche Farbe hat das Tier, das ich meine?
Zeige die Farbe mit deiner Antwortkarte.

Wahrnehmungsbereiche

5D – Aufgabe 23

Frage

Lies genau und schau gut hin,
es geht um die Buchstaben,
wie viele sind drin?

Wie viele Wörter mit genau 7 Buchstaben erkennst du in diesem Bild?

Strecke auf mein Startzeichen eine Hand nach oben und zeige mit deinen Fingern die Anzahl der Wörter an.
Los!

Wahrnehmungsbereiche

5D – Aufgabe 24

Frage

Merken, hüpfen und erinnern.
Das macht uns hier zu Gewinnern.
Wir schau'n genau, und prägen ein,
in den Kopf muss alles rein.

Nimm dir Zeit und schau dir das Bild genau an. Schaue dir besonders die 5 größten Tiere auf den Spiralen an.

Hüpfe nun 10-mal auf einem Bein – und dann noch 10-mal auf dem anderen Bein!

Dann schließe die Augen und erinnere dich: wie viele der 5 größten Tiere schauen dich nicht von vorne an?

Strecke auf mein Startzeichen eine Hand nach oben und zeige mit deinen Fingern an, wie viele der größten 5 Tiere dich nicht von vorne anschauen.
Los!

Wahrnehmungsbereiche

Aufg. 5D – Variation 1		**Aufg. 5D – Variation 2**	
Frage: Wie viel sind es, gib gut Acht? Zähl genau, so wird's gemacht! Wie viele Tiere, die normalerweise im Wald leben, kannst du zwischen den beiden Kängurus entdecken? Zeige das Ergebnis durch Klatschen an. Klatsche so oft in deine Hände, wie du Waldtiere zwischen den Kängurus entdeckst. Los!	Wahrnehmungsbereiche	**Frage:** Wie viel sind es, gib gut Acht? Zähl genau, so wird's gemacht! Wie viele Streifen hat das Zebra auf seinem Bauch, das zwischen dem Schwein und dem Elefanten steht? Strecke auf mein Startzeichen eine Hand nach oben und zeige mit deinen Fingern die Anzahl der schwarzen Streifen an. Los!	Wahrnehmungsbereiche

Bildreferenz

Stufe: 5

Motivreihe: E

Bildname: „Stadt"

5E – Aufgabe 1

Frage

Rot, grün, gelb oder blau,
schwarz, weiß oder grau,
wir wollen es wissen, schau'n genau.

Welche Farbe wurde von den Bewohnern der Stadt am häufigsten für ihre Dächer gewählt?

Rot, Blau oder Grün?

Zeige die Farbe mit deiner Antwortkarte.

Wahrnehmungsbereiche

5E – Aufgabe 2

Frage

Suche einen grünen Ballon und sage mir, wohin führt seine Schnur, zu welchem Tier?

Flüstere deinem Sitznachbarn den Namen des Tiers ins Ohr, oder male es auf.

Wahrnehmungsbereiche

5E – Aufgabe 3

Frage

Ich sehe was, was du nicht siehst,
ist kein Puma, der grad' niest,
auch kein Zebra auf 'ner Leiter,
wirst's nicht finden, such nur weiter.

Ich sehe was, was du nicht siehst:
Ich sehe ein Tier, das normalerweise einen langen Rüssel und zwei Stoßzähne hat.
In diesem Bild hat es sich gut versteckt und ich sehe nur noch ein kleines bisschen von diesem Tier.

Zeige mir nun, auf welcher Seite des Bildes das Tier zu finden ist.

Strecke auf mein Zeichen deinen linken Arm nach oben, wenn es im linken Teil des Bildes zu finden ist.
Strecke den rechten Arm nach oben, wenn es eher rechts zu finden ist.

Hinweis

Wenn die Kinder die Raumrichtungen noch nicht sicher bestimmen können, zeigen Sie zusätzlich nach rechts bzw. links, wenn Sie die Frage stellen!

Wahrnehmungsbereiche

5E – Aufgabe 4

Frage

Spuren, Pfade und auch Zeichen,
folge ihnen, woll'n nicht weichen.
Bis zum Ende wir jetzt gehen,
bleiben erst am Ziele stehen.

Die Katze ist nicht gern allein. Sie hat jemanden besucht – wer kann das wohl sein?

Verfolge die Spuren der Katze zurück. Bei welchem Tier endet die Spur?
Ist es ein Tier, das wir normalerweise im Zoo, im Wald oder auf dem Bauernhof sehen würden.

Zeige mit deinen Karten an:
• zeige die rote Karte für ein Tier aus dem Zoo
• zeige die gelbe Karte für ein Tier aus dem Wald
• zeige die grüne Karte für ein Tier vom Bauernhof

Wahrnehmungsbereiche

5E – Aufgabe 5

Frage

Suche in der Stadt ein Motorrad und eine Giraffe. Über wie viele Straßenfelder muss das Motorrad fahren, um die Giraffe zu besuchen?

Beginne mit dem Zählen erst, wenn das Motorrad auf ein neues Feld fährt.

Zeige das Ergebnis durch Klatschen an. Klatsche so oft in deine Hände, wie du Straßenfelder zählst.
Los!

Wahrnehmungsbereiche

5E – Aufgabe 6

Frage

Wie viel sind es, gib gut Acht?
Zähl genau, so wird's gemacht!

Schau genau aber verrate noch nicht: wie viele Obstteile erkennst du auf dem Bild?

Stampfe auf mein Startzeichen hin so oft mit dem Fuß auf, wie du Obstteile findest.
Los!

Wahrnehmungsbereiche

5E – Aufgabe 7

Frage

Auf dem Bild hat sich ein Tier versteckt.
Hast du es schon entdeckt?
Es ist kein Hund und keine Laus,
es ist kein Pferd, vielleicht 'ne Maus?

Schau genau hin und siehe dir das Bild gut an.
Stimmt es: JA oder NEIN?
Es ist eine kleine weiße Maus zu sehen – kann das wohl sein?

Wahrnehmungsbereiche

5E – Aufgabe 8

Frage

Merken, drehen und erinnern.
Das macht uns hier zu Gewinnern.
Wir schau'n genau, und prägen ein,
in den Kopf muss alles rein.

Nimm dir Zeit und schau dir das Bild genau an.
Achte dabei besonders auf die Häuser.

Nun dreh dich einmal im Kreis (um deine eigene Achse).

Jetzt schließe die Augen und erinnere dich: Wo in der Stadt steht das größte Haus?

Zeige mir, auf welcher Seite des Bildes das größte Haus zu finden ist.

Strecke auf mein Zeichen deinen linken Arm nach oben, wenn es im linken Teil des Bildes zu finden ist.
Strecke den rechten Arm nach oben, wenn es eher rechts zu finden ist.

Wahrnehmungsbereiche

Hinweis

Nehmen Sie die Folie vom OHP oder decken Sie die Folie ab, wenn die Kinder sich erinnern sollen.

Wenn die Kinder die Raumrichtungen noch nicht sicher bestimmen können, zeigen Sie zusätzlich nach rechts bzw. links, wenn Sie die Frage stellen!

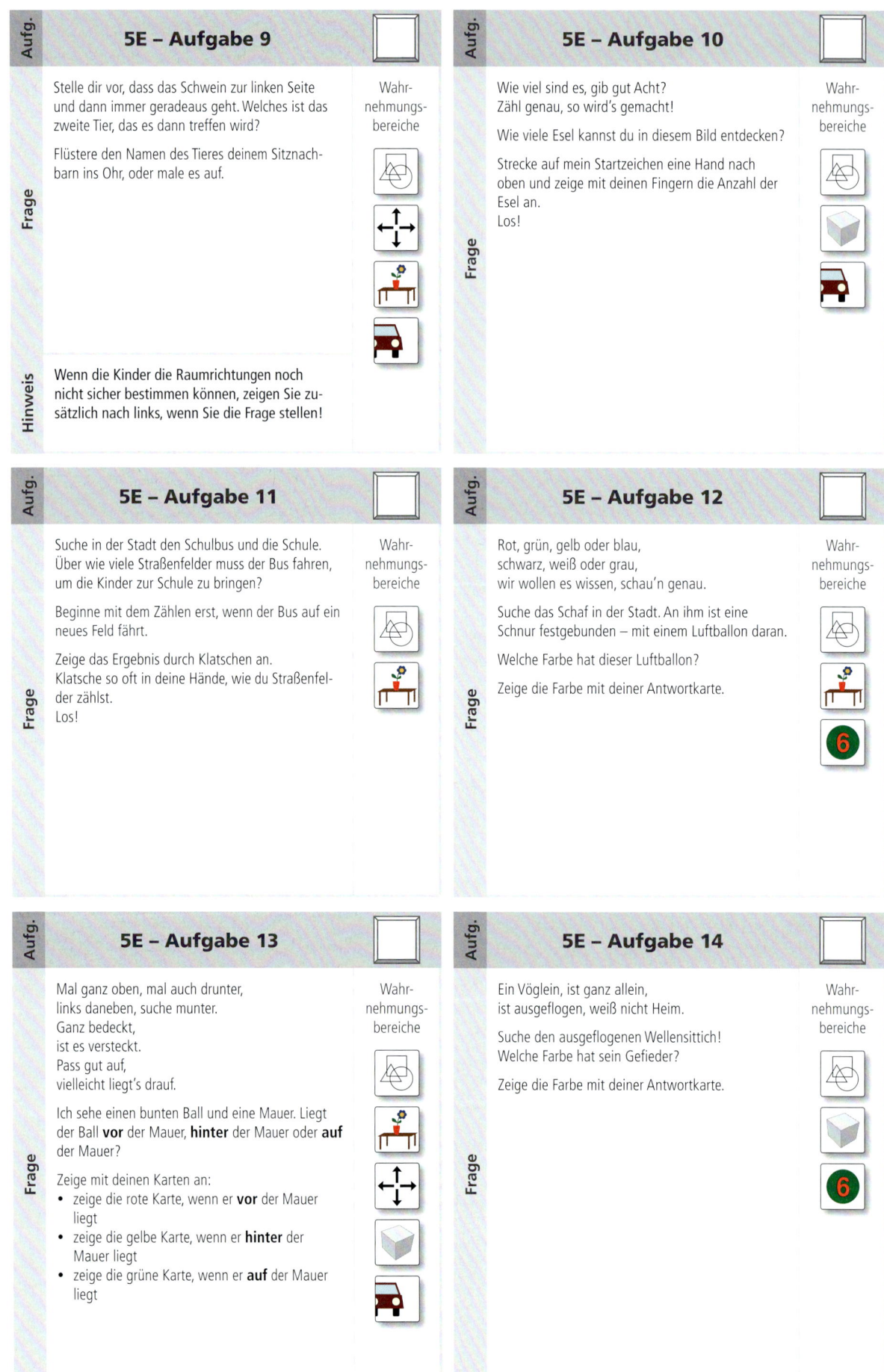

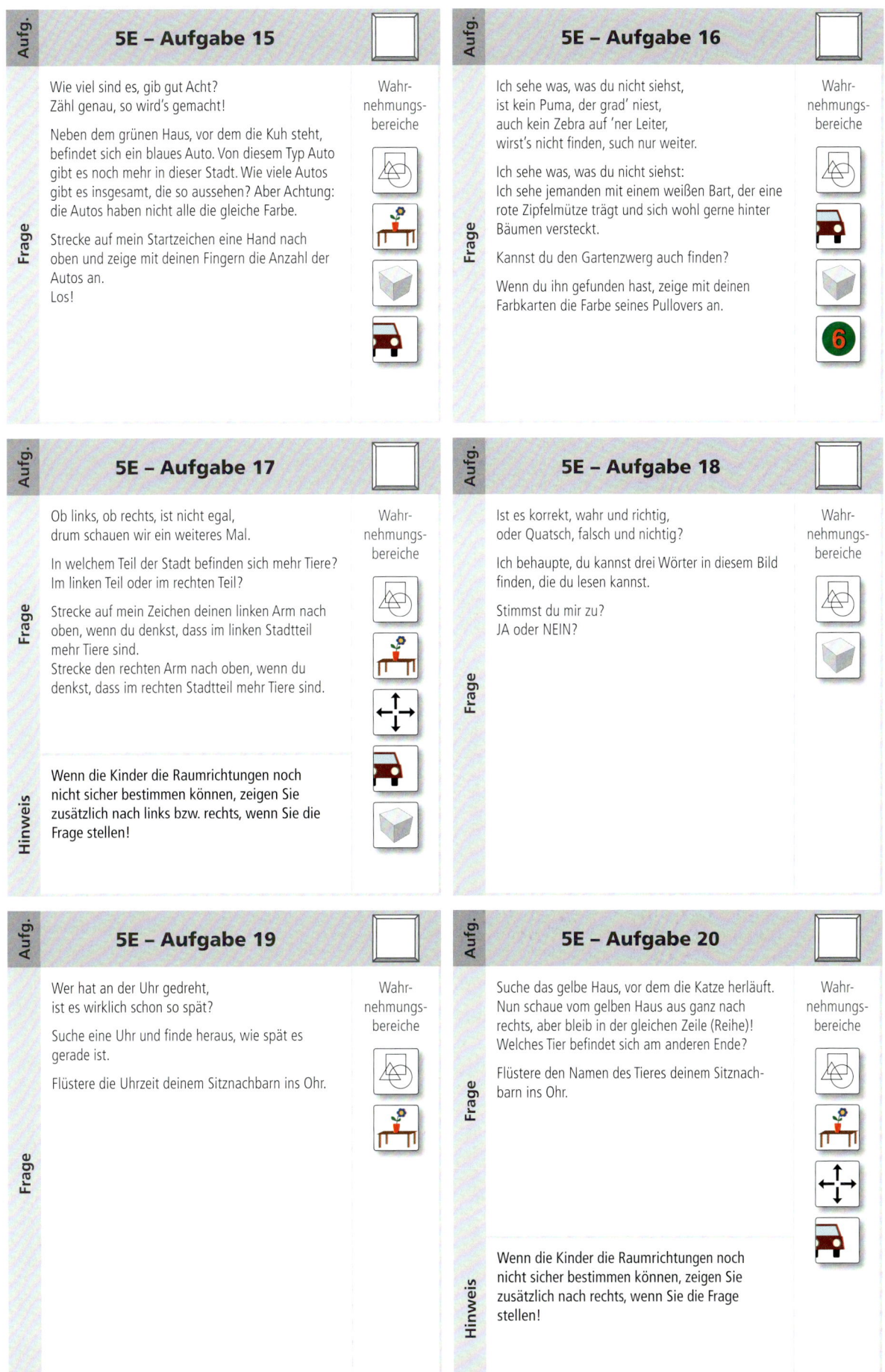

5E – Aufgabe 21

Frage

Merken, hüpfen und erinnern.
Das macht uns hier zu Gewinnern.
Wir schau'n genau, und prägen ein,
in den Kopf muss alles rein.

Nimm dir Zeit und schau dir das Bild genau an.
Schau dir besonders die Fahrzeuge in dieser Stadt an.

Hüpfe nun 10-mal auf einem Bein – und dann noch 10-mal auf dem anderen Bein!

Dann schließe die Augen und erinnere dich: wie viele Autos in der Stadt haben ein Blaulicht auf dem Dach?

Strecke auf mein Startzeichen eine Hand nach oben und zeige mit deinen Fingern die Anzahl der Autos mit Blaulicht an.
Los!

Hinweis

Nehmen Sie die Folie vom OHP oder decken Sie die Folie ab, wenn die Kinder sich erinnern sollen.

Wahrnehmungsbereiche

5E – Aufgabe 22

Frage

In der Stadt sehe ich einen Vater mit seiner Tochter und eine Mutter mit ihrem Sohn. Alle wohnen in dem gelben Haus, an dem die Katze gerade vorbeigelaufen ist.
Wer von den beiden hat den kürzeren Weg bis zur Haustür? Zähle dazu die Straßenfelder, über die sie bis zur Haustür laufen müssen.

Zeige mit deinen Karten an:
- zeige die rote Karte, wenn Mutter und Sohn den kürzeren Weg haben
- zeige die gelbe Karte, wenn Vater und Tochter den kürzeren Weg haben
- zeige die grüne Karte, wenn beide Wege gleichlang sind

Wahrnehmungsbereiche

5E – Aufgabe 23

Frage

Rot, grün, gelb oder blau,
schwarz, weiß oder grau,
wir wollen es wissen, schau'n genau.

In der Stadt ist ein Schmetterling zu sehen. Welche Farbe hat der Schmetterling?

Zeige die Farbe mit deiner Antwortkarte.

Wahrnehmungsbereiche

5E – Aufgabe 24

Frage

Wie viel sind es, gib gut Acht?
Zähl genau, so wird's gemacht!

Wie viele Kinder kannst du auf dem Spielplatz zählen?

Zeige mit deinen Karten an:
- zeige die rote Karte, wenn du 5 Kinder gezählt hast
- zeige die gelbe Karte, wenn du 6 Kinder gezählt hast
- zeige die grüne Karte, wenn du 7 Kinder gezählt hast
- zeige die blaue Karte, wenn du 8 Kinder gezählt hast

Wahrnehmungsbereiche

5E – Variation 1

Frage

Neben der Schule befindet sich ein Gebäude, das es in dieser Stadt genau zweimal gibt. Allerdings ist das andere Haus mit anderen Farben bemalt. Welches Tier steht neben dem anderen Haus?

Zeige mit deinen Karten an:
- zeige die rote Karte, wenn ein Kaninchen neben dem Haus steht
- zeige die gelbe Karte, wenn eine Ente neben dem Haus steht
- zeige die grüne Karte, wenn eine Kuh neben dem Haus steht
- zeige die blaue Karte, wenn eine Giraffe neben dem Haus steht

Wahrnehmungsbereiche

5E – Variation 2

Frage

Spuren, Pfade und auch Zeichen,
folge ihnen, woll'n nicht weichen.
Bis zum Ende wir jetzt gehen,
bleiben erst am Ziele stehen.

Folge den Spuren des Clowns bis zu dem Haus, in dem er wohnt.
Welche Farbe hat dieses Haus?

Zeige die Farbe mit deiner Antwortkarte.

Wahrnehmungsbereiche

8. Glossar: Für Streber und Nachgucker – zusätzliche Informationen von A–Z

■ **Achromatopsie (Achromasie)** siehe *Farbblindheit*

Adaptation bezeichnet den Anpassungsvorgang der Netzhaut an unterschiedlich intensive Lichtreize.

Akkommodation wird das (Scharf-) Einstellen der Augen auf unterschiedliche Entfernungen genannt. Dieser Vorgang läuft fortwährend automatisch und unbewusst ab. Unterschieden werden die *Nahakkommodation* und die *Fernakkommodation*. Bei der Nahakkommodation zieht sich der Ziliarmuskel zusammen, wodurch sich die Aufhängefasern entspannen und sich die Linse stärker krümmt. Daraus ergibt sich eine höhere Brechkraft der Linse. Bei der Fernakkommodation entspannt sich der Ziliarmuskel, die Aufhängefasern spannen sich und die Linse wird flacher. Die Brechkraft der Linse wird dadurch geringer.

Altersweitsichtigkeit (Presbyopie) Die Eigenelastizität der Linse nimmt mit zunehmendem Alter ab, so dass es zu einer Verringerung der Akkommodationsfähigkeit des Auges kommt. Gegenstände in weiter Entfernung können immer noch scharf gesehen werden wohingegen Gegenstände aus der Nähe nicht mehr scharf abgebildet werden können.

Areale der tertiären Hirnrindengebiete Hier werden die Informationen anderer Sinneskanäle integriert und zu komplexen Wahrnehmungen zusammengefasst sowie mit Informationen aus dem Gedächtnis gekoppelt.

Augenarzt befasst sich mit der Diagnose und Therapie sämtlicher Erkrankungen und Verletzungen des Auges.

Augenbewegungen (*Okulomotorik*) bezeichnet die Summe aller motorischen Möglichkeiten der Augäpfel, sich willkürlich sowie unwillkürlich in verschiedene Richtungen zu bewegen.

Augenfixation meint ein gezieltes bzw. fokussiertes Betrachten eines Objekts.

Augenoptiker sind spezialisiert auf die Anfertigung sowie das Einsetzen von Brillengläsern. Sie messen und korrigieren alle Arten von Fehlsichtigkeit.

■ **Binokularsehen** bezeichnet das gemeinsame Sehen des rechten und linken Auges (binokular = *beidäugig*). Es umfasst die gleichzeitige Wahrnehmung der Seheindrücke beider Augen (Simultansehen), die Verschmelzung der Bilder beider Augen zu einem Bild (Fusion) sowie das räumliche Sehen (Stereopsis).

Blicksteuerung ist ein wichtiger Bestandteil im Sehprozess, der verschiedene Komponenten mit einbezieht. So sind für eine systematische Aufnahme von visuellen Informationen, z. B. die koordinierte Lenkung des Blicks, die zeitliche Abstimmung der Blick-Sprünge und der Fixierungen sowie angemessene Reaktionszeiten bedeutend. Die Blicksteuerung erfolgt sowohl unbewusst und unwillkürlich als auch bewusst und willentlich gesteuert und unterliegt zudem in hohem Maße der Aufmerksamkeitssteuerung und der Erwartungshaltung.

■ **Chiasma opticum** siehe *Optischer Trakt*

Corpus geniculatum laterale (CGL) siehe *Seitliche Kniehöcker des Thalamus*

■ **Dioptrie (dpt)** bezeichnet die Brechkraft des Auges. Die Gesamtbrechkraft beträgt ca. 60 Dioptrien. Die Maßeinheit Dioptrie ist auch bekannt im Zusammenhang mit der Stärke, mit der ein Brillenglas das Licht bricht. Minus-Werte ergeben sich bei einer Kurzsichtigkeit, Plus-Werte bei einer Weitsichtigkeit.

Dyschromatopsie siehe *Rot-Grün-Sehschwäche*

■ **Farbblindheit (Achromatopsie oder Achromasie)** Seltene Farbsinnstörung. Farben können nicht wahrgenommen werden, sondern nur Kontraste (hell – dunkel).

Fovea bezeichnet die Stelle des schärfsten Sehens. Sie liegt in einer Einsenkung im Zentrum des gelben Flecks.

Foveales Sehen Visuelle Wahrnehmung in der Zone des schärfsten Sehens. Die Gegenstände, die fokussiert werden, werden scharf wahrgenommen.

■ **Ganglienzellen** leiten visuelle Informationen über den Sehnerv zum Gehirn.

Gesichtsfeld Monokulares Gesichtsfeld ist der Teil, der von einem unbewegten Auge aufgenommen werden kann. Als binokulares Gesichtsfeld wird der Teil der Umwelt bezeichnet, der mit beiden unbewegten Augen aufgenommen werden kann.

Glaukom siehe *Grüner Star*

Grauer Star (Katarakt) Eine Trübung der Linse, die mit zunehmendem Alter auftritt und die zu einer Beeinträchtigung des Sehvermögens führt.

Grüner Star (Glaukom) Hierbei liegt ein erhöhter Augeninnendruck vor, der ohne Behandlung zu einer Schädigung der Netzhaut, des Sehnervs und zur Erblindung führen kann.

■ **Hyperopie** siehe *Weitsichtigkeit*

■ **Intermodale Verknüpfung** Erkenntnisse der unterschiedlichen Wahrnehmungskanäle (durch die Nase, das Ohr sowie durch das Gleichgewichtsorgan, wie auch durch das Auge, den Mund, die Haut, die Muskeln und Sehnen) werden integriert und zu extrem komplexen Wahrnehmungen zusammengefasst.

■ **Katarakt** siehe *Grauer Star*

Kurzsichtigkeit (Myopie) Hierbei wird das Bild von weit entfernten Gegenständen aufgrund eines Augapfels, der in der optischen Achse einen zu großen Durchmesser aufweist, schon vor der Netzhaut scharf abgebildet. Entfernte Gegenstände können nicht scharf gesehen werden. Die Kurzsichtigkeit kann durch eine Brille mit konkav geschliffenen Linsen (Zerstreuungslinse) ausgeglichen werden.

Myopie siehe *Kurzsichtigkeit*

■ **Netzhaut (Retina)** Nervengewebe an der hinteren Innenseite des Auges. Die Netzhaut ist für die „Bildentstehung" verantwortlich, indem sie auftreffendes Licht in Nervenimpulse umwandelt.

■ **Okulomotorik** siehe *Augenbewegungen*

Optischer Trakt (Chiasma opticum) Hier werden die Axone der Ganglienzellen sortiert. Die Sehnerven beider Augen überkreuzen sich, so dass die Eindrücke der Augen jeweils in der kontralateralen Gehirnhemisphäre verarbeitet werden.

Optometrie Teildisziplin der Augenoptik. Lehre der Messungen und Bewertungen von Sehfunktionen, wie beispielsweise der Blick-Motorik, Sehschärfe, des Tiefensehens oder Farbensehens.

Optometrist Augenoptiker mit einer Zusatzausbildung in der Optometrie (s.o.).

Orthoptist beschäftigt sich mit Diagnose und Therapie in Bezug auf beidäugiges Sehen (Binokularsehens). Orthoptik ist ein Spezialgebiet der Augenheilkunde.

■ **Peripheres Sehen** Visuelle Wahrnehmung außerhalb der Zone des schärfsten Sehens. Die Gegenstände, die nicht fokussiert werden, sondern auf die Peripherie fallen, werden aufgrund der geringeren Sehschärfe unscharf wahrgenommen.

Perzeption Wahrnehmung

Presbyopie siehe *Altersweitsichtigkeit*

Primäre visuelle Cortex siehe *Sehrinde des Hinterhauptslappens*

Prinzip der gegenseitigen Hemmung (Lateralen Inhibition) Ein Grundprinzip neuronaler Verschaltung. Durch den Verarbeitungsmechanismus werden Impulse gehemmt oder verstärkt. Innerhalb der visuellen Wahrnehmung dient die Laterale Inhibition beispielsweise der Kontrastierung.

Pupillenreflex bezeichnet die Pupillenverengung, die sich bei Lichteinfall reflexartig ergibt.

■ **Retina** siehe *Netzhaut*

Rot-Grün-Sehschwäche (Dyschromatopsie) Farbenfehlsichtigkeit. Hierbei ist die Unterscheidung der Farben Rot und Grün eingeschränkt.

- **Sakkaden** bezeichnen Blicksprünge, die beim Wechsel des Blicks von einem Objektpunkt zum nächsten ausgeführt werden. Diese Blicksprünge, die ca. 3 bis 5 Mal pro Sekunde durchgeführt werden, erfolgen, da über die Augen immer nur ein kleiner Bereich scharf gesehen werden kann. Gegenstände oder auch die Umgebung als komplexes und scharfes Bild wahrzunehmen, wäre ohne die Blicksprünge nicht möglich. Da während der Ausführung der Blicksprünge die Augen jedoch keine Bilder aufnehmen können, setzt das Gehirn die einzelnen Bilder, die zwischen den Blicksprüngen, also bei der Fixation entstehen, zu einem stabilen Gesamtbild zusammen.

Schielen (Strabismus) Es kommt zum Schielen, wenn die beiden Augenachsen voneinander abweichen. Das Gehirn muss in diesem Fall die beiden nicht miteinander übereinstimmenden Bilder, die sich aus den gegeneinander verschobenen Achsen ergeben, zu einer Deckung bringen, damit ein einheitliches Bild entsteht. Gelingt dies nicht, wie bei einem sehr starkem Schielen, entstehen Doppelbilder. Dem Schielen kann durch die Kürzung eines Augenmuskels (chirurgischer Eingriff) oder durch ein Training der Augenmuskulatur begegnet werden.

Sehrinde des Hinterhauptslappens (Primäre visuelle Cortex) Zentrum der komplexen Verarbeitung der Sehinformationen. Von hier werden die Informationen weitergeleitet an höhere, weiterverarbeitende Zentren, wie beispielsweise sekundäre Sehfelder oder tertiäre Felder.

Sehschärfe (Visus) Die Sehschärfe bezeichnet das Auflösungsvermögen des Auges. Es geht dabei um die Fähigkeit, zwei Punkte mit dem kleinstmöglichen Abstand noch als getrennt voneinander wahrzunehmen.

Seitliche Kniehöcker des Thalamus (Corpus geniculatum laterale (CGL)) Erste Schaltstation, in der die Sehinformationen vorbewusst verarbeitet werden. Impulse gehen von hier z. B. zur Augenmuskulatur (was dazu beiträgt, Gegenstände nach vorgegebenen Mustern mit den Augen abzutasten) oder zu Teilen des Limbischen Systems und zu hormonregulierenden Zentren (wo durch Lichteinfall z. B. biologische Uhren reguliert werden). Darüber hinaus kommt es hier bereits zu Vergleichen der Sehinformationen beider Augen.

Sensorik Sinneswahrnehmungsvorgänge

Stäbchen Fotorezeptoren in der Netzhaut des Auges, die zuständig sind für das Dämmerungssehen (skotopisches Sehen).

Strabismus siehe *Schielen*

- **Vergenz** ermöglicht das Zusammenspiel der Augen und somit die Fixation auf einen Punkt.

Visoumotorik werden die Bewegungen genannt, die von den Augen gesteuert werden.

Visuell Sehen, Sehwahrnehmung

Visuelle Funktionen sind gleichbleibende Aufgaben der Augen (des visuellen Systems).

Visuelle Wahrnehmung ist ein kognitiver Prozess, in dessen Rahmen visuelle Reize erkannt, unterschieden und interpretiert werden.

Visuelles System ist der Bereich des Nervensystems, der die visuellen Informationen verarbeitet. Es schließt das Auge mit der Netzhaut, den Sehnerv, Teile des Thalamus und die Sehrinde mit ein.

Visus siehe *Sehschärfe*

- **Weitsichtigkeit (Hyperopie)** Aufgrund eines Augapfels, der in der optischen Achse einen zu kurzen Durchmesser aufweist, wird die Abbildung von Gegenständen aus der Nähe erst hinter der Netzhaut scharf abgebildet. Es entstehen unscharfe Bilder. Eine Brille mit bikonvex geschliffenen Linsen (Sammellinse) kann das scharfe Bild wieder auf die Netzhaut verlagern.

Winkelfehlsichtigkeit Fehlsichtigkeit aufgrund von Abweichungen in der Zusammenarbeit der beiden Augen. Die Winkelfehlsichtigkeit kann durch spezielle Prismengläser kompensiert werden.

- **Zapfen** Fotorezeptoren in der Netzhaut des Auges, die für das Farbsehen (photopisches Sehen) zuständig sind.

9. Literatur

Beigel, D. (2009): Bildung kommt ins Gleichgewicht. Ein Gleichgewichtsprogramm zur Lernunterstützung. Dortmund: BORGMANN MEDIA.

Beigel. D. (2008): Projekt Schnecke – Bildung braucht Gesundheit. Hessen: Hessisches Kultusministerium.

Betz, D./Breuninger, H. (1998): Teufelskreis Lernstörungen: Theoretische Grundlegung und Standardprogramm. Weinheim. Basel. Berlin: Beltz PVU.

Breuer, H./Weufen, M. (2006): Lernschwierigkeiten am Schulanfang. Lautsprachliche Lernvoraussetzungen und Schulerfolg. Weinheim. Basel: Beltz.

Brügelmann, H. (2000): Kinder auf dem Weg zur Schrift. Eine Fibel für Lehrer und Laien. Kempten: Libelle Verlag.

Büttner, G./Dacheneder, W./Schneider, W./Weyer K. (2007): FEW-2 Frostigs Entwicklungstest der visuellen Wahrnehmung-2. Göttingen: Hogrefe.

Eggert, D./Bertrand, L. (2002): RZI – Raum-Zeit-Inventar. Dortmund: borgmann publishing.

Eggert, D./Reichenbach, C./Lücking, C. (2007): Von den Stärken ausgehen. Dortmund: Borgmann.

Fischer, B. (2009): Auch Blicken will gelernt sein. In: Gehirn und Geist. Spektrum der Wissenschaft. Nr. 5/2009.

Fischer, E. (2003): Wahrnehmungsförderung. Handeln und Sinnliche Erkenntnis bei Kindern und Jugendlichen. Dortmund: borgmann publishing.

Fischer, H. (1995): Entwicklung der visuellen Wahrnehmung. Weinheim: Beltz.

Franke, M. (2000): Mathematik Primarstufe – Didaktik der Geometrie. Spektrum Akademischer Verlag.

Frostig, M (1979): Visuelle Wahrnehmungsförderung. Anweisungsheft. Für deutsche Verhältnisse bearbeitet und herausgegeben von Reinartz, A. und E.. Hannover: Schroedel Schulbuchverlag.

Frostig, M (1979): Visuelle Wahrnehmungsförderung. Arbeitsheft 1-3. Für deutsche Verhältnisse bearbeitet und herausgegeben von A. und E. Reinartz. Hannover: Schroedel Schulbuchverlag.

Frostig, M./Horn, D./Maslow, P. (1976): Individualprogramm zur visuellen Wahrnehmungsförderung. Anweisungsheft. Für deutsche Verhältnisse bearbeitet und herausgegeben von Reinartz, A. und E.. Dortmund: Crüwell Verlag.

Frostig, M./Müller, H. (1981): Teilleistungsstörungen. Ihre Erkennung und Behandlung bei Kindern. München: Urban und Fischer.

Gerster, H.-D./Schultz, R. (2004): Schwierigkeiten beim Erwerb mathematischer Konzepte im Anfangsunterricht. Bericht zum Forschungsprojekt Rechenschwäche – Erkennen – Beheben – Vorbeugen. Freiburg: Pädagogische Hochschule Freiburg, unveröffentlichtes Manuskript.

Giesbert, J./Lücking, C./Reichenbach, C. (2008): Gestaltung, Förderung und Diagnostik von Lernprozessen im Grundschulbereich. Dortmund: verlag modernes lernen.

Goldstein, E. B. (2002): Wahrnehmungspsychologie. Zweite deutsche Auflage. Berlin: Spektrum Akademischer Verlag.

Goldstein, E. B. (2008) Wahrnehmungspsychologie. 7. Auflage. Heidelberg: Spektrum Akademischer Verlag.

Günther, A./Jäger, M. (2004): Ich sehe den Wald vor lauter Bäumen nicht! Fördermöglichkeiten für den Alltag visuell wahrnehmungsgestörter Kinder. Dortmund: verlag modernes lernen.

Hülshoff, T. (2000): Das Gehirn. Funktionen und Funktionseinbußen. Bern: Verlag Hans Huber.

Knauf, T./Kormann, P./Umbach, S. (2006): Wahrnehmung, Wahrnehmungsstörungen und Wahrnehmungsförderung im Grundschulalter. Stuttgart: Kohlhammer.

Leyendecker, C. (1988): Behinderungen & Schule. Wahrnehmungsstörungen. Tübingen: Deutsches

Institut für Fernstudien an der Universität Tübingen.

Liessmann, K. P. (2006): Theorie der Unbildung. Wien: Paul Zsolnay Verlag.

Lorenz, J. H. (2009): Mathematische Lernschwierigkeiten früh erkennen. In: Sprachrohr Lerntherapie. Schwerpunkt: Frühe Lerntherapie. Fachverband für integrative Lerntherapie. Ditzingen. 1/2009.

Milz, I. (2002): Neuropsychologie für Pädagogen. Neuropädagogik für die Schule. Dortmund: borgmann publishing.

Naville, S./Marbacher, P. (1999): Vom Strich zur Schrift: Ideen und Anregungen zum graphomotorischen Training. Dortmund: verlag modernes lernen.

Pauli, S./Kisch, A. (2008): Feinmotorische Übungen für Kinder in spielerischer Form. Dortmund: verlag modernes lernen.

Pauli, S./Kisch, A. (2010): Geschickte Hände zeichnen. Dortmund: verlag modernes lernen.

Reichenbach, C./Lücking, C. (2007): Diagnostik im Schuleingangsbereich. Dortmund: BORGMANN MEDIA.

Rosenkötter, H. (1998): Neuropsychologische Behandlung der Legasthenie. Weinheim: Beltz Psychologie Verlags Union.

Schäfer, G. (2007): Bewegung bildet. In: Hunger, I./Zimmer, R. (Hrsg.): Bewegung – Bildung – Gesundheit. Entwicklung fördern von Anfang an. Schorndorf: Hofmann.

Schäfer, I. (2001): Graphomotorik für Grundschulkinder. Praktische Übungen zum Schreibenlernen. Dortmund: verlag modernes lernen.

Schäffler, A./Menche, N. (Hrsg.) (2000): Mensch, Körper, Krankheit. München, Jena: Urban & Fischer.

Schilling, F. (2004): Spielen. Malen. Schreiben. Marburger Graphomotorische Übungen. Block 1 und 2. Dortmund: verlag modernes lernen.

Schilling, F. (2009): PTK - LDT Manual: Punktiertest und Leistungs-Dominanztest für Kinder. Dortmund: verlag modernes lernen.

Siebert, H. (2002): Bildungsoffensive. Frankfurt: VAS.

Spornitz, U. (1996): Anatomie und Physiologie. Lehrbuch und Atlas für die Fachberufe im Gesundheitswesen. Heidelberg: Springer.

Taubenschmidt, M. (2005): Visuelle Wahrnehmungsschwäche und Irlen-Syndrom. Frankfurt am Main: Verlag Peter Lang Europäischer Verlag der Wissenschaft.

Vetter, M./Amft, S./Sammann, K./Kranz, I. (2010): G-FIPPS: Grafomotorische Förderung. Ein psychomotorisches Praxisbuch. Dortmund: BORGMANN MEDIA.

Wick, W./Marzollo, J. (2002): Ich sehe was... Fantastische Bilderrätsel. München: Lentz.

Wick, W./Marzollo, J. (2004) Ich sehe was... Total verrückte Schule. München: Lentz.

Zimbardo, P./Gering, R. (2004): Psychologie. München: Pearson Studium.

Internetquellen

Evers, M.: Einflüsse der Qualität des visuellen Inputs auf die Leseleistung bei LRS. Online im Internet: URL: Stand: 05.03.2001. (http://www.foepaed.net/evers/lrs.pdf [16.07.09]).

Freiburger BlickLabor (http://www.blicklabor.de/ [15.09.09])

Gröne, T. Stand: 11.09.09. (http://www.tg8.eu/webseiten/so%20liest%20man.html [17.09.09])

Hoffmann, E. Prof. Dr. med. (http://schnecke.inglub.de/schnecke.html [21.08.09])

Schnecke http://schnecke.inglub.de/[21.08.09]

Werkstetter, J. (1999/2004) http://www.werkstetter.de/navigation/brosch/brosch.htm [10.09.09]

Hessisches Kultusministerim (http://www.kultusministerium.hessen.de/irj/HKM_Internet?cid=5df05f498ea6a7b1f8b10a875c9983ca [13.01.10])

Inhaltsverzeichnis der CD-ROM

Inhalt	Ordner- und Dateiname	
Bildmaterial (vgl. Kap. 6)	Ordner: Dateien:	Bildmaterial Stufe 1_A_Hände.jpg + pdf Stufe 1_B_Tierpyramide.jpg + pdf Stufe 1_C_Mikroskop.jpg + pdf Stufe 1_D_Wäscheleine.jpg + pdf Stufe 1_E_Boot.jpg + pdf Stufe 2_A_Steine.jpg + pdf Stufe 2_B_Vokale.jpg + pdf Stufe 2_C_Teleskop.jpg + pdf Stufe 2_D_Kette.jpg + pdf Stufe 2_E_Apfel.jpg + pdf Stufe 3_A_Buchstaben- und Zahlendreher.jpg + pdf Stufe 3_B_Handabdrücke.jpg + pdf Stufe 3_C_Lupe 1.jpg + pdf Stufe 3_C_Lupe 2.jpg + pdf Stufe 3_D_Kugelbahn.jpg + pdf Stufe 3_E_Haus.jpg + pdf Stufe 4_A_Vier-Gewinnt.jpg + pdf Stufe 4_B_Unterschiede.jpg + pdf Stufe 4_C_Fernglas Leuchtturm.jpg + pdf Stufe 4_D_Baum.jpg + pdf Stufe 4_E_Setzkasten.jpg + pdf Stufe 5_A_Allerlei.jpg + pdf Stufe 5_B_Tafeldienst.jpg + pdf Stufe 5_C_Schlüsselloch.jpg + pdf Stufe 5_D_Tierspirale.jpg + pdf Stufe 5_E_Stadt.jpg + pdf
Feedbackkarten	Ordner: Datei:	Feedbackkarten Feedbackkarten.pdf
Blanko-Aufgaben zur Anfertigung eigener Fragen	Ordner: Datei:	Blanko Blanko-Aufgaben.pdf
Zusätzliche Theorie	Ordner: Datei:	Theorie Der_Aufbau_des_Auges.pdf Entwicklung_Wahrnehmungsverarbeitung.pdf Teilbereiche_der_visuellen_Wahrnehmung.pdf

Raum für Notizen

Raum für Notizen

Raum für Notizen

Raum für Notizen

Silke Schönrade / Günter Pütz

Abenteuer im Piratenland
Psychomotorische Diagnostik für 7-11-jährige Kinder

Eingekleidet in drei spannende Geschichten rund um das Thema "Piraten" werden 24 Beobachtungssituationen vorgestellt, mit deren Hilfe verschiedene Bereiche der kindlichen Wahrnehmung und Motorik erfasst werden. Die Aufgabenstellungen sind so formuliert und strukturiert, dass eine praxisnahe und alltagsrelevante Durchführung möglich ist. Der Fokus liegt auf den qualitativen Beobachtungen diagnostischer Situationen, um daraus die unterschiedlichen Verhaltens- und Handlungsstrategien des Kindes beWERTen zu können. Darüber hinaus können Aussagen über Lernvoraussetzungen zum Erwerb der Kulturtechniken wie Lesen, Schreiben und Rechnen gemacht werden.

Weiterhin gibt das Buch eine Einführung in das Thema Beobachten und Wahrnehmen, es erläutert die sensorischen Voraussetzungen zum Lernen, listet Begriffserklärungen auf, veranschaulicht und erklärt den LERNBAUM und rundet das Buch mit liebevollen Zeichnungen und vielen Farbfotos für Kopiervorlagen und Beobachtungsbögen ab.

160 S., farbige Abb., Format 16x23cm, Beigabe: Audio-CD, fester Einband, ISBN 978-3-938187-10-4 Bestell-Nr. 9353, € 20,40

Mit allen Sinnen *lernen*

Silke Schönrade / Günter Pütz

Die Abenteuer der kleinen Hexe
Bewegung und Wahrnehmung beobachten, verstehen, beurteilen, fördern

„Die Abenteuer der kleinen Hexe ist ein phantastisches Buch, um die Bereiche Wahrnehmung und Bewegung kindgerecht und praxisnah zu beobachten und zu fördern. Eingebettet in eine liebevolle Geschichte gelingt es, spielerisch elementare Entwicklungsbereiche zu fördern Das Material ist übersichtlich und konzeptionell durchdacht! Pädagogische Wertung: sehr gute Handreichung, um kindgerecht die Bereiche Wahrnehmung und Motorik zu beobachten und zu fördern." capito! Die Campuszeitung im Nordwesten

5., überarbeitete Auflage, 224 S., farbige Abb., Format 16x23cm, fester Einband, ISBN 978-3-86145-306-2, Bestell-Nr. 8391, € 20,40

Silke Schönrade / Raya Limbach

Die Abenteuer der kleinen Hexe im Buchstabenland
Ein psychomotorischer Zugang zum Lernen von A-Z

„Wer neue Ideen für das Buchstabenlernen sucht und auf das Lernen mit allen Sinnen baut, findet hier fachlich gewissenhaft begründete Anregung. Den Kindern wird es Spaß machen!" A. Gassler Mirza, Basler Schulblatt

„Es ist allen Kindern zu wünschen, dass sie beim Erlernen der Buchstaben die kleine Hexe begleiten dürfen. Denn von der Buchstabenwelt verhext und verzaubert zu werden, wie in diesem Buch auf über 200 Seiten, macht das Lernen garantiert zu einem sinnesreichen und unvergesslichen Erlebnis." 4 bis 8 Fachzeitschrift für Kindergarten und Unterstufe

208 S., farbige Abb., Format 16x23cm, fester Einband
ISBN 978-3-86145-276-8 Bestell-Nr. 8336, € 20,40

Silke Schönrade

LebensOrt Kindergarten
Fotoband zur Innenraumgestaltung

Der Kindergarten muss neue Schwerpunkte setzen, um den geänderten Anforderungen gerecht zu werden. Themen wie emotionale Zuwendung, Geborgenheit, Neugierde auf die Umwelt wecken, Nahrungszubereitung / gesunde Ernährung sowie Vermittlung von Tisch- und Esskultur, Wahrnehmungsförderung, Spiel und Bewegung, Lernen und Bildung sind nur einige Beispiele dafür, die einen Wandel in der Kindergartenarbeit offenbaren. Die Raumgestaltung im Kindergarten, der „dritte Erzieher", kann einen wesentlichen Beitrag dazu leisten, Kinder in ihrer Entwicklung zu fördern und Pädagogik zu begünstigen. Klare Strukturen bei der Innenraumgestaltung sowie Harmonie und Ordnung, ausgewählter Umgang mit (Spiel-)

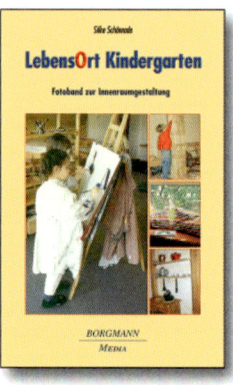

Materialien, Farben und Licht, Orte zur Bewegung und Räume, die die Bedürfnisse aller Kinder und Erwachsener berücksichtigen, sollten dabei gut geplant, analysiert und diskutiert werden.
192 S., farbige Abb., Format 16x23cm, fester Einband
ISBN 978-3-938187-42-5 Bestell-Nr. 9395, € 21,80

BORGMANN MEDIA
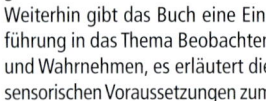 verlag modernes lernen 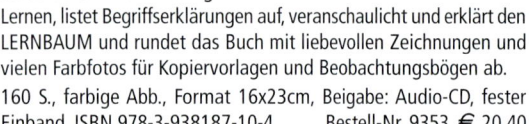 borgmann publishing

Schleefstr. 14 • D-44287 Dortmund • Kostenlose Bestell-Hotline: Tel. 0800 77 22 345 • FAX 0800 77 22 344
Ausführliche Informationen und Bestellen im Internet: www.verlag-modernes-lernen.de

Dorothea Beigel
Bildung kommt ins Gleichgewicht
„Guten Morgen, liebes Knie ..." Ein Gleichgewichtsprogramm zur Lernunterstützung

Schüler des Primar- und des Sekundarbereichs sind gleichermaßen von Gleichgewichtsschwierigkeiten betroffen, und dies zeigt eine Auswirkung auf ihre Zensuren. Schulnoten haben also nicht nur mit Sehen und Hören, sondern im besonderen Maße auch etwas mit dem Gleichgewicht zu tun. Dieses Material bietet umsetzbares Handwerkzeug für den täglichen Schulalltag und ist mit einem Zeitaufwand von 1-3 Minuten pro Unterrichtsstunde ohne speziellen Raumbedarf in allen Klassenstufen und in allen Schulformen durchführbar. Es regt den Lehrer an, sich aktiv am „kleinen Bewegungsprogramm" zu beteiligen, um das eigene Gleichgewicht zu pflegen, die Konzentration und die Lernmöglichkeit der Schüler zu fördern.

2. Auflage, Medienpaket bestehend aus: Poster-Kalender DIN A3 quer, 12 Blatt, farbig, Ringbindung + Begleitheft 64 S., Format DIN A4, geh; beides im Pappschuber
ISBN 978-3-938187-53-1, Bestell-Nr. 9404, € 24,80

Neue Impulse für die Psychomotorik

Martin Vetter / Ulrich Kuhnen / Rudolf Lensing-Conrady
RisKids
Wie Psychomotorik hilft, Risiken zu meistern

Was kann getan werden, damit riskante Situationen für Kinder gut ausgehen? Wie können Kinder lernen, kompetent und angemessen mit alltäglichen Gefährdungen umzugehen? Erzieherinnen, Lehrerinnen, Therapeuten und Eltern erfahren hier, wie über eine psychomotorisch ausgerichtete Bewegungsförderung entsprechende Kompetenzen gefördert werden. So können Kinder in ihren Fähigkeiten gestärkt werden, Risiken besser einzuschätzen und sich effektiver im Alltag vor gefährlichen Unfällen zu schützen. Der Ansatz unterstützt darüber hinaus wesentliche Bildungsbereiche auf dem Weg zur individuellen und kompetenten Persönlichkeit. Die Spielideen, Tipps und Anleitungen dieses Buches gründen auf einer praxisorientierten Umsetzung und Weiterentwicklung dieser Erfahrungen. Ein theoretisch fundiertes Buch für die tägliche Praxis!
224 S., farbige Abb., Format 16x23cm, fester Einband
ISBN 978-3-86145-278-2, Bestell-Nr. 8340, € 22,50

Helmut Köckenberger
Vielfalt als Methode
Methodische und praktische Hilfen für lebendige Bewegungsstunden, Psychomotorik

Kinder benutzen lebendige Bewegungsstunden, um einzuatmen, aufzublühen und sich zu entfalten. Sie verlangen nach vielfältigen Möglichkeiten/Variationen von Stundenaufbau, Materialangebot und Erwachsenenverhalten. Sie wollen nicht ständig Pauschalangebote. Vielfalt schafft individuelle Lösungen. Vielfalt stärkt das kindliche Verhalten. Vielfalt ermöglicht dem Erwachsenen, kind- und situationsgerecht auswählen und reagieren zu können. Dieses Buch gibt mit Hilfe der Methodik-Drehscheibe eine klare Übersicht verschiedener methodischer Möglichkeiten sowie der pädagogisch-therapeutischen Grundhaltung. Im zweiten Teil werden Fragen aus der Praxis beantwortet.

2. Auflage, 384 S., farbige Abb., Format 16x23cm, fester Einband, ISBN 978-3-938187-33-3, Bestell-Nr. 9385, € 24,60

Nils Neuber
Supermann kann Seilchen springen
Bewegung, Spiel und Sport mit Jungen

Im Mittelpunkt des Programms steht das sog. „Variablenmodell", das sowohl aktive, leistungsbezogene, als auch passive, reflexive Aspekte integriert. Es setzt weniger bei den Defiziten und Problemen von Jungen an, sondern greift ihre Wünsche und Bedürfnisse auf – sowohl nach wilden Balgereien und ‚richtigem' Sport, als auch nach sozialen Kontakten und Entspannung. Es werden vielfältige Spiel- und Übungsformen zur Förderung von Jungen durch Bewegung, Spiel und Sport vorgestellt. Die Praxisbeispiele orientieren sich an acht Handlungsfeldern bewegungsbezogener Jungenförderung: Leistung und Erfolg, Kooperation und Konkurrenz, Aggression und Härte, Sensibilität und Kraft, Nähe und Distanz, Spannung und Entspannung, Wagnis und Risiko, Ausdruck und Präsentation.

192 S., farbige Abb., Format 16x23cm, fester Einband, ISBN 978-3-938187-51-7, Bestell-Nr. 9390, € 21,95

BORGMANN MEDIA
verlag modernes lernen borgmann publishing

Schleefstr. 14 • D-44287 Dortmund • Kostenlose Bestell-Hotline: Tel. 0800 77 22 345 • FAX 0800 77 22 344
Ausführliche Informationen und Bestellen im Internet: www.verlag-modernes-lernen.de

Dorothea Beigel

Kita und Schule – ein starkes Team
Beobachten – Erkennen – Planen – Handeln

Das Praxis-Set „Kita und Schule – ein starkes Team" besteht aus einem klar strukturierten Handbuch und einem übersichtlichen Materialpaket mit dem Schwerpunkt auf der Beobachtung, Planung und Zusammenarbeit von Vorschule und Schule. Das Handbuch bezieht sich auf die Meilensteine der sprachlichen, fein- und sensomotorischen sowie emotional-sozialen Entwicklung. Methodisch-didaktische Hinweise unterstützen die kindgemäße und wertschätzende Beobachtung, die sich in der Auswertung auf die Gesamtgruppe und das einzelne Kind bezieht.

Dabei werden die Notwendigkeit, Möglichkeit und Chancen einer intensiven Zusammenarbeit von Kindertagesstätte und Grundschule deutlich. Pragmatische, erprobte Vorgehensweisen, die auf dem gemeinsamen Wissen und auf gemeinsamer Augenhöhe von Kindertagesstätte und Grundschule stattfinden, stehen im Mittelpunkt. Es geht um die verstehende Beobachtung und daraus folgende kindertagesstätten- und schulübergreifende Lern- und Förderangebote. Es geht um Elternberatung und kindliches Spiel – schlicht um „die gemeinsame Verantwortung für die Bildung unserer Kinder". Zum Praxis-Set gehören: • Handbuch • Bilderbuch • Kopiervorlagen zur Beobachtung und Auswertung des sprachlichen, fein- und sensomotorischen, emotional-sozialen Entwicklungsstandes der Gruppe und des einzelnen Kindes • Grundlagenmaterial für das Beobachtungsspiel • Entwicklungskalender • DVD mit praktischen Beobachtungshilfen

Materialpaket bestehend aus: Bilderbuch „Willibald im Willi-Wald", 24 S., farbig, Format DIN A4 quer, Ringbindung + Handbuch 104 S. (Beigaben: Informations-Video-DVD und 10 Tabellen und Arbeitsbögen in DIN A3), Format DIN A4, Ringbindung **Alter: 4-8**
ISBN 978-3-938187-65-4
Bestell-Nr. 9413, CHF 43,40, Euro 26,80

Dorothea Beigel

Beweg dich, Schule!
Eine „Prise Bewegung" im täglichen Unterricht der Klassen 1 bis 10

Erprobte Bewegungseinheiten setzen direkt an der Stoffvermittlung einzelner Fächer an. Die Spiel- und Bewegungsangebote sind variabel und jederzeit altersangemessen einsetzbar, ohne dass zusätzlicher Material- und/oder Raumbedarf im Unterricht entsteht. Der Praxisteil gliedert sich schwerpunktmäßig in die Bereiche Mathematik, Deutsch, Fremdsprachen und übergreifende Fächerangebote. Ergänzt wird das Angebot durch Brain-Gym®-Spiele, Minutenpausen, Mini-Sport-Bewegungen und Bewegungsangebote für das Lehrerzimmer. Das Buch liefert dem Anwender fundierte Unterstützung für Elternabende und Konferenzen.

„Um einer auf Lehrerseite häufigen Sorge gleich zu Beginn entgegenzutreten: Das Buch beschreibt nichts, was zusätzlich zum Unterricht zu leisten wäre. Es stellt auch keine einzige Unterrichtsmethode in Frage, sondern: 'Es bemüht sich, Lernen in der Schule mit Freude und Bewegung zu verknüpfen, Konzentration und Aufmerksamkeit zu pflegen'. 'Beweg dich, Schule!' gehört in die Hand jeder Lehrerin und jedes Lehrers in Grund- und weiterführenden Schulen. Also: kaufen, lesen, umsetzen!" Detlef Träbert, Humane Schule

256 S., farbige Abb., Format 16x23cm, fester Einband / **Alter: 6-16**,
ISBN 978-3-938187-15-9
Bestell-Nr. 9367, CHF 36,90, Euro 22,80

Dorothea Beigel

Flügel und Wurzeln
Persistierende Restreaktionen frühkindlicher Reflexe und ihre Auswirkungen auf Lernen und Verhalten

Die Autorin gibt einen Überblick über die Sinnessysteme des Menschen und geht auf persistierende Restreaktionen frühkindlicher Reflexe ein. Sie beschreibt Möglichkeiten und Erfahrungen aus der Arbeit mit Bewegungsprogrammen zur Integration von Restreaktionen frühkindlicher Reflexe. In eigens hervorgehobenen Ratschlägen für Elternhaus, Kindergarten und Schule wird aus Sicht einer Pädagogin darauf hingewiesen wie Teilleistungsstörungen vorgebeugt werden kann und wie sie ausgeglichen werden können.

Ein Buch, das angesichts der immer schneller anwachsenden Zahl „auffälliger" Kinder auf die pragmatischen Möglichkeiten eines Staatlichen Schulamtes hinweist. Angesichts der politischen Folgerungen aus der Pisa-Studie ist es als Plädoyer für eine gedeihliche Kindheit in Elternhaus, Kindergarten und Schule zu verstehen.

Es geht darum, die kindlichen „Wurzeln" wachsen und gedeihen zu lassen und auf diese Weise den Kindern „Flügel" zu geben, mit denen sie sich gesund und erfolgreich den Herausforderungen der Gegenwart und Zukunft stellen können.

224 S., Format 16x23cm, fester Einband / **Alter: 1-10**
ISBN 978-3-8080-0535-4
Bestell-Nr. 1154, CHF 33,00, Euro 20,40

BORGMANN MEDIA
verlag modernes lernen borgmann publishing

Schleefstr. 14 • D-44287 Dortmund • Kostenlose Bestell-Hotline: Tel. 0800 77 22 345 • FAX 0800 77 22 344
Ausführliche Informationen und Bestellen im Internet: www.verlag-modernes-lernen.de